# 中国知识产权统计年报

China Intellectual Property Statistical Yearbook **2015**

国家知识产权局

图书在版编目（CIP）数据

中国知识产权统计年报.2015/国家知识产权局主办.—北京：知识产权出版社，2016.11

ISBN 978-7-5130-4581-0

Ⅰ.①中… Ⅱ.①国… Ⅲ.①知识产权—统计资料—中国—2015—年报 Ⅳ.①D923.4-66

中国版本图书馆CIP数据核字（2016）第273311号

内容提要

本年报由国家知识产权局主办，汇集了我国知识产权领域的年度统计数据，全面反映了我国知识产权领域每年的发展状况。本年报涵盖专利、商标、版权、计算机软件、集成电路布图设计、农业植物新品种、林业植物新品种、海关知识产权保护、知识产权司法保护等方面的内容。本书可供广大知识产权界业内人士、各级领导干部、企事业单位管理人员、科研人员、高等院校师生等参考阅读。

| 责任编辑：牛洁颖　崔开丽 | 责任校对：谷　洋 |
| --- | --- |
| 文字编辑：王　岩 | 责任出版：刘译文 |

# 中国知识产权统计年报2015

Zhongguo Zhishichanquan Tongji Nianbao 2015

国家知识产权局

| 出版发行：知识产权出版社有限责任公司 | 网　　址：http://www.ipph.cn |
| --- | --- |
| 社　　址：北京市海淀区西外太平庄55号 | 邮　　编：100081 |
| 责编电话：010-82000860转8109 | 责编邮箱：niujieying@sina.com |
| 发行电话：010-82000860转8101/8102 | 发行传真：010-82000893/82005070/82000270 |
| 印　　刷：北京中献拓方科技发展有限公司 | 经　　销：各大网上书店、新华书店及相关专业书店 |
| 开　　本：889mm×1194mm　1/16 | 印　　张：9.5 |
| 版　　次：2016年11月第1版 | 印　　次：2016年11月第1次印刷 |
| 字　　数：300千字 | 定　　价：60.00元 |
| ISBN 978-7-5130-4581-0 | |

出版权专有　侵权必究

如有印装质量问题，本社负责调换。

## 编写指导小组

组　　长　申长雨
副 组 长　甘绍宁　刘俊臣　阎晓宏
成　　员　（按姓氏笔画排序）
　　　　　于慈珂　王焕良　刘慧玲　宋晓明　汪学军
　　　　　杨宗仁　崔守东　诸敏刚　龚亚麟

## 编辑委员会

主　　编　甘绍宁
副 主 编　龚亚麟　诸敏刚　刘菊芳
成　　员　（按姓氏笔画排序）
　　　　　王润贵　陈　奎　杨国鑫　张建忠　林祥明
　　　　　段玉萍　夏君丽　黄建华

## 编 辑 人 员

责任编辑　牛洁颖　崔开丽
特约编辑　（按姓氏笔画排序）
　　　　　叶婷婷　龙三群　刘　磊　何晓丹　杨文平
　　　　　张　博　张芬涛　罗　强　高　佳

# 目 录

## I 专 利

### ▶ 一、专利申请受理与授权状况

表 1　国内外三种专利申请受理年度状况（1985.4~2015.12）　　　　　　　　　　/ 3
Distribution of Annual Applications for Three Kinds of Patents Received
from Home and Abroad（1985.4–2015.12）

表 2　国内三种专利申请受理量（1985.4~2015.12）　　　　　　　　　　　　　/ 4
Distribution of Applications for Three Kinds of Patents Received
from Home（1985.4–2015.12）

表 3　国外三种专利申请受理量（1985.4~2015.12）　　　　　　　　　　　　　/ 7
Distribution of Applications for Three Kinds of Patents Received
from Abroad（1985.4–2015.12）

表 4　国内外三种专利申请授权年度状况（1985.12~2015.12）　　　　　　　　/ 17
Distribution of Annual Grants for Three Kinds of Patents Received from
Home and Abroad（1985.12–2015.12）

表 5　国内三种专利申请授权量（1985.12 ~ 2015.12）　　　　　　　　　　　　/ 18
Distribution of Grants for Three Kinds of Patents Received from Home（1985.12–2015.12）

表 6　国外三种专利申请授权量（1985.12~2015.12）　　　　　　　　　　　　 / 21
Distribution of Grants for Three Kinds of Patents Received from Abroad（1985.12–2015.12）

表 7　国内外三种专利有效状况（2015.12）　　　　　　　　　　　　　　　　 / 29
Distribution of Patents in Force for Three Kinds Received from Home
and Abroad（2015.12）

表 8　国内三种专利有效量（2015.12）　　　　　　　　　　　　　　　　　　 / 30
Distribution of Patents in Force for Three Kinds Received from Home（2015.12）

表 9　国外三种专利有效量（2015.12）　　　　　　　　　　　　　　　　　　 / 33
Distribution of Patents in Force for Three Kinds Received from Abroad（2015.12）

表 10　国际申请业务进展统计表（1985.4~2015.12）　　　　　　　　　　　　 / 41
Statistics of PCT International Applications（1985.4–2015.12）

# 中国知识产权统计年报2015
## China Intellectual Property Statistical Yearbook 2015

### ▶ 二、专利行政执法

表 11　2015年各地区管理专利工作的部门专利执法统计表　　/ 42
　　　　Statistics of Patent Enforcement of the Administrative Authorities for Patent Affairs in 2015

### ▶ 三、中国专利金奖

表 12　中国专利金奖分布统计表　　/ 45
　　　　Statistics of Distribution of China Patent Gold Awards

## II　商　　标

### ▶ 一、商标申请与注册

表 1　2015年度商标申请与注册概况表　　/ 49
　　　Statistics of Trademark Applications and Registrations in 2015

表 2　2015年度各省、自治区、直辖市商标申请与注册统计表　　/ 51
　　　Statistics of Domestic Trademark Applications and Registrations in 2015
　　　（by Province / Autonomous Region/Municipality）

表 3　2015年度外国（地区）在华商标申请统计表　　/ 53
　　　Statistics of Foreign (Region) Trademark Applications in China in 2015

表 4　2015年度外国（地区）在华商标注册统计表　　/ 62
　　　Statistics of Foreign (Region) Trademark Registrations in China in 2015

表 5　2015年度按类申请和注册商标统计表　　/ 71
　　　Statistics of Trademark Applications and Registrations by Class in 2015

表 6　1979~2015年商标注册申请及核准注册商标统计表　　/ 73
　　　Statistics of Trademark Applications and Registrations Approved, 1979-2015

### ▶ 二、商标评审案件

表 7　2015年度商标评审案件统计表　　/ 75
　　　Statistics of Trademark Cases Reviewed and Adjudicated in 2015

### ▶ 三、商标行政执法案件

表 8　2015年全国查处商标一般违法案件统计表　　/ 76
　　　Statistics of Common Cases of Trademark Offense Nationwide in 2015　　/ 77

# 目　录

| | | |
|---|---|---|
| 表 9 | 2015 年全国查处商标侵权假冒案件统计表（一） | / 78 |
| 表 9 | 2015 年全国查处商标侵权假冒案件统计表（二） | / 79 |
| | Statistics of Trademark Infringement and Counterfeit Cases Nationwide in 2015（One） | / 80 |
| | Statistics of Trademark Infringement and Counterfeit Cases Nationwide in 2015（Two） | / 81 |
| 表 10 | 2015 年全国各地区查处商标违法案件基本情况统计表 | / 82 |
| | Statistics of Handling of Trademark Offenses Nationwide in 2015 | |

## Ⅲ　版　权

| | | |
|---|---|---|
| 表 1 | 2015 年全国版权合同登记情况统计表 | / 87 |
| | Statistics of Registration of Copyright Contract Nationwide in 2015 | |
| 表 2 | 2015 年全国作品自愿登记情况统计表 | / 89 |
| | Statistics of Voluntary Registration of Works Nationwide in 2015 | |
| 表 3 | 2015 年版权输出地汇总表 | / 91 |
| | Summary of Destinations of Copyright Exported in 2015 | |
| 表 4 | 2015 年版权引进地汇总表 | / 93 |
| | Summary of Origins of Copyright Imported in 2015 | |
| 表 5 | 2015 年全国版权执法情况统计表 | / 95 |
| | Statistics of Copyright Law Enforcement in 2015 | |

## Ⅳ　集成电路布图设计

| | | |
|---|---|---|
| 表 1 | 2015 年集成电路布图设计登记申请统计表 | / 99 |
| | Statistics of Applications for Registration of Layout-design of Integrated Circuits in 2015 | |
| 表 2 | 2015 年集成电路布图设计登记发证统计表 | / 101 |
| | Statistics of Issued Certificates of Layout-design of Integrated Circuits in 2015 | |

## Ⅴ　农业植物新品种

| | | |
|---|---|---|
| 1999~2015 年品种权申请情况汇总表 | | / 105 |
| Summary of Agricultural PBR's Applications and Grants, 1999-2015 | | |
| 表 1 | 根据植物种类划分的统计表 | / 105 |
| | Statistics of Classification by Plant Kind | |

# 中国知识产权统计年报2015
## China Intellectual Property Statistical Yearbook 2015

表2　根据单位性质划分的统计表　　　　　　　　　　　　　　　　　/ 109
　　　Statistics of Classification by Character of Units

表3　根据地区划分的统计表　　　　　　　　　　　　　　　　　　　/ 110
　　　Statistics of Classification by Region

表4　1999~2015年国外植物新品种权申请情况统计表　　　　　　　　/ 113
　　　Statistics of Application for Foreign Plant Variety Right, 1999–2015

## Ⅵ　林业植物新品种

表1　1999~2015年林业植物新品种申请量和授权量统计表　　　　　　/ 119
　　　Statistics of Forestry PBR's Applications and Grants, 1999–2015

表2　1999~2015年林业授权品种中不同植物类别授权量统计　　　　　/ 120
　　　Statistics of Grants Classification by Different Plant Species in Forestry
　　　PBR's Grants, 1999–2015

表3　1999~2015年林业授权品种中不同申请国家的授权量统计　　　　/ 121
　　　Statistics of Grants Classification by Nationality of Applicants in Forestry
　　　PBR's Grants, 1999–2015

表4　1999~2015年各国授权品种的属(种)授权量统计　　　　　　　　/ 121
　　　Statistics of Grants Classification by Nationality of Titles Holder, 1999–2015

表5　1999~2015年林业授权品种中不同植物类别品种权人的授权量统计　/ 122
　　　Statistics of Grants Classification by Kind of Plant Titles Holder in Forestry
　　　PBR's Grants, 1999–2015

## Ⅶ　海关知识产权保护

表1　2015年海关采取知识产权保护措施统计表　　　　　　　　　　　/ 125
　　　Statistics of Measures to Protect Intellectual Property Rights in 2015

表2　2015年海关扣留货物涉及的知识产权类型统计表　　　　　　　　/ 125
　　　Statistics of Intellectual Property Rights of Seized Goods in 2015

表3　2015年海关扣留货物的进出口流向统计表　　　　　　　　　　　/ 125
　　　Statistics of Seized Goods Imported and Exported in 2015

表4　2015年海关扣留货物的商品类别统计表　　　　　　　　　　　　/ 126
　　　Statistics of Categories of Infringing Goods Seized in 2015

表5　2015年海关扣留货物的运输方式统计表　　　　　　　　　　　　/ 127
　　　Statistics of Transportation Means of Infringing Goods in 2015

# 目　　录

表 6　2015 年海关知识产权执法模式统计表　　　　　　　　　　　　/ 127
　　　Statistics of Types of Enforcement Actions in 2015

表 7　2015 年海关保护的知识产权权利人来源情况统计表　　　　　　/ 127
　　　Statistics of Country (Region) of Intellectual Property Rights
　　　Holders Protected in 2015

## Ⅷ　知识产权司法保护

表 1　2015 年全国法院受理和审结各类知识产权案件统计表　　　　　/ 133
　　　Statistics of Intellectual Property Cases Accepted and Concluded
　　　by the People's Courts Nationwide in 2015

表 2　2015 年全国检察机关办理侵犯知识产权案件情况统计表　　　　/ 137
　　　Statistics of Infringement of Intellectual Property Cases by the
　　　People's Procuratorate Nationwide in 2015

# I 专利

# 一、专利申请受理与授权状况

表1 国内外三种专利申请受理年度状况（1985.4~2015.12） （单位：件）
Distribution of Annual Applications for Three Kinds of Patents Received from Home and Abroad（1985.4-2015.12） （unit:piece）

| | 年份<br>Year | 合计<br>Total | 发明<br>Invention | 实用新型<br>Utility Model | 外观设计<br>Design |
|---|---|---|---|---|---|
| 合计<br>Total | 1985~2010 | 7 032 481 | 2 323 494 | 2 411 776 | 2 297 211 |
| | 2011 | 1 633 347 | 526 412 | 585 467 | 521 468 |
| | 2012 | 2 050 649 | 652 777 | 740 290 | 657 582 |
| | 2013 | 2 377 061 | 825 136 | 892 362 | 659 563 |
| | 2014 | 2 361 243 | 928 177 | 868 511 | 564 555 |
| | 2015 | 2 798 500 | 1 101 864 | 1 127 577 | 569 059 |
| 国内<br>Domestic | 1985~2010 | 5 995 367 | 1 428 130 | 2 394 975 | 2 172 262 |
| | 2011 | 1 504 670 | 415 829 | 581 303 | 507 538 |
| | 2012 | 1 912 151 | 535 313 | 734 437 | 642 401 |
| | 2013 | 2 234 560 | 704 936 | 885 226 | 644 398 |
| | 2014 | 2 210 616 | 801 135 | 861 053 | 548 428 |
| | 2015 | 2 639 446 | 968 251 | 1 119 714 | 551 481 |
| 国外<br>Foreign | 1985~2010 | 1 037 114 | 895 364 | 16 801 | 124 949 |
| | 2011 | 128 677 | 110 583 | 4164 | 13 930 |
| | 2012 | 138 498 | 117 464 | 5853 | 15 181 |
| | 2013 | 142 501 | 120 200 | 7136 | 15 165 |
| | 2014 | 150 627 | 127 042 | 7458 | 16 127 |
| | 2015 | 159 054 | 133 613 | 7863 | 17 578 |

## 表2 国内三种专利申请受理量（1985.4~2015.12） （单位：件）
### Distribution of Applications for Three Kinds of Patents Received from Home（1985.4-2015.12） （unit:piece）

| 地区<br>Region | 总累计<br>Accumulated Number | | | 2015年<br>Year 2015 | | |
|---|---|---|---|---|---|---|
| | 发明<br>Invention | 实用新型<br>Utility Model | 外观设计<br>Design | 发明<br>Invention | 实用新型<br>Utility Model | 外观设计<br>Design |
| 合计 Total | 4 853 594 | 6 576 708 | 5 066 508 | 968 251 | 1 119 714 | 551 481 |
| 北京 Beijing | 516 498 | 355 078 | 92 296 | 88 930 | 53 243 | 14 139 |
| 天津 Tianjin | 145 744 | 220 335 | 66 928 | 28 510 | 46 845 | 4608 |
| 河北 Hebei | 60 453 | 147 804 | 44 206 | 11 259 | 24 646 | 8155 |
| 山西 Shanxi | 42 651 | 59 377 | 24 565 | 5680 | 7911 | 1357 |
| 内蒙古 Inner Mongolia | 15 305 | 31 505 | 10 291 | 2254 | 5609 | 1013 |
| 辽宁 Liaoning | 153 355 | 224 283 | 67 500 | 19 332 | 19 554 | 3267 |
| 吉林 Jilin | 42 402 | 63 383 | 16 291 | 6 154 | 7345 | 1301 |
| 黑龙江 Heilongjiang | 76 804 | 128 143 | 43 987 | 14 663 | 16 914 | 3034 |
| 上海 Shanghai | 328 678 | 305 543 | 218 335 | 46 976 | 41 736 | 11 294 |
| 江苏 Jiangsu | 792 823 | 818 746 | 1 399 505 | 154 608 | 154 281 | 119 448 |
| 浙江 Zhejiang | 306 085 | 803 090 | 799 671 | 67 674 | 150 172 | 89 418 |
| 安徽 Anhui | 205 014 | 247 928 | 102 507 | 68 314 | 51 559 | 7836 |
| 福建 Fujian | 77 145 | 188 212 | 139 692 | 17 663 | 44 339 | 21 144 |
| 江西 Jiangxi | 31 870 | 73 369 | 43 935 | 5722 | 18 620 | 12 594 |
| 山东 Shandong | 387 729 | 586 979 | 218 065 | 93 475 | 85 872 | 13 873 |
| 河南 Henan | 109 113 | 225 009 | 85 946 | 21 338 | 40 778 | 12 257 |
| 湖北 Hubei | 133 585 | 212 776 | 105 739 | 30 204 | 35 676 | 8360 |

# I 专利

## 一、专利申请受理与授权状况

(续表 cont'd)

| 地区<br>Region | 总累计<br>Accumulated Number | | | 2015年<br>Year 2015 | | |
|---|---|---|---|---|---|---|
| | 发明<br>Invention | 实用新型<br>Utility Model | 外观设计<br>Design | 发明<br>Invention | 实用新型<br>Utility Model | 外观设计<br>Design |
| 湖南 Hunan | 102 364 | 165 200 | 82 969 | 19 499 | 23 641 | 11 361 |
| 广东 Guangdong | 550 720 | 733 616 | 949 607 | 103 941 | 135 717 | 116 281 |
| 广西 Guangxi | 87 151 | 57 994 | 21 372 | 30 815 | 9740 | 3141 |
| 重庆 Chongqing | 105 230 | 166 650 | 75 352 | 35 086 | 38 533 | 9172 |
| 四川 Sichuan | 161 153 | 234 486 | 207 084 | 40 437 | 41 859 | 28 450 |
| 贵州 Guizhou | 34 400 | 45 365 | 29 535 | 7538 | 8317 | 2440 |
| 云南 Yunnan | 33 798 | 47 703 | 20 614 | 6301 | 9147 | 2155 |
| 西藏 Tibet | 815 | 601 | 1024 | 128 | 90 | 91 |
| 陕西 Shaanxi | 129 817 | 138 635 | 98 755 | 17 322 | 21 449 | 36 133 |
| 甘肃 Gansu | 27 831 | 36 044 | 10 968 | 5504 | 6825 | 2255 |
| 青海 Qinghai | 4170 | 4675 | 2683 | 1103 | 1184 | 303 |
| 宁夏 Ningxia | 9767 | 9619 | 4145 | 2626 | 1591 | 177 |
| 新疆 Xinjiang | 15 958 | 40 141 | 15 008 | 3024 | 6354 | 2872 |
| 海南 Hainan | 7811 | 7861 | 4808 | 1211 | 1521 | 395 |
| 香港 Hong Kong | 10 412 | 10 910 | 26 408 | 1001 | 881 | 1437 |
| 澳门 Macao | 276 | 309 | 297 | 26 | 35 | 152 |
| 台湾 Taiwan | 146 667 | 185 339 | 36 420 | 9933 | 7730 | 1568 |
| 广州 Guangzhou | 95 011 | 122 451 | 130 911 | 20 087 | 24 763 | 18 563 |
| 长春 Changchun | 27 958 | 29 213 | 8432 | 4664 | 4907 | 611 |
| 武汉 Wuhan | 74 781 | 107 409 | 39 268 | 15 077 | 16 158 | 2385 |
| 南京 Nanjing | 138 627 | 97 506 | 83 104 | 27 825 | 20 549 | 7767 |

(续表 cont'd)

| 地区 Region | 总累计 Accumulated Number | | | 2015年 Year 2015 | | |
|---|---|---|---|---|---|---|
| | 发明 Invention | 实用新型 Utility Model | 外观设计 Design | 发明 Invention | 实用新型 Utility Model | 外观设计 Design |
| 杭州 Hangzhou | 104 763 | 166 556 | 113 466 | 17 814 | 29 126 | 14 041 |
| 西安 Xi'an | 110 335 | 103 699 | 77 877 | 14 244 | 15 970 | 31 447 |
| 济南 Jinan | 69 242 | 96 426 | 27 863 | 15 120 | 12 235 | 1630 |
| 沈阳 Shenyang | 59 004 | 72 166 | 20 031 | 9946 | 7046 | 1120 |
| 成都 Chengdu | 113 048 | 141 958 | 157 496 | 29 791 | 26 084 | 21 663 |
| 大连 Dalian | 59 176 | 66 423 | 28 590 | 5130 | 4696 | 744 |
| 厦门 Xiamen | 21 481 | 42 240 | 25 478 | 4326 | 8057 | 4011 |
| 哈尔滨 Harbin | 59 762 | 64 359 | 24 003 | 12 500 | 11 058 | 1944 |
| 深圳 Shenzhen | 280 796 | 217 131 | 169 329 | 40 028 | 41 632 | 23 841 |
| 青岛 Qingdao | 148 739 | 88 957 | 44 818 | 44 962 | 15 926 | 2800 |
| 宁波 Ningbo | 62 154 | 167 669 | 196 813 | 16 056 | 24 869 | 17 854 |
| 新疆建设兵团 Xinjiang Bingtuan | 2032 | 3317 | 336 | 564 | 912 | 62 |

# I 专利

一、专利申请受理与授权状况

### 表3 国外三种专利申请受理量（1985.4~2015.12） （单位：件）
### Distribution of Applications for Three Kinds of Patents Received from Abroad（1985.4-2015.12） （unit：piece）

| 国家和地区<br>Country and Region | 总累计<br>Accumulated Number | | | 2015年<br>Year 2015 | | |
|---|---|---|---|---|---|---|
| | 发明<br>Invention | 实用新型<br>Utility Model | 外观设计<br>Design | 发明<br>Invention | 实用新型<br>Utility Model | 外观设计<br>Design |
| 合计<br>Total | 1 504 266 | 49 275 | 202 930 | 133 613 | 7863 | 17 578 |
| 安道尔<br>Andorra | 14 | 1 | 2 | | | |
| 阿联酋<br>United Arab Emirates | 75 | 18 | 162 | 16 | 3 | 3 |
| 阿富汗<br>Afghanistan | | | 11 | | | |
| 安提瓜和巴布达<br>Antigua and Barbuda | 8 | | 3 | | | |
| 安圭拉<br>Anguilla | 2 | 1 | 1 | 1 | | |
| 阿尔巴尼亚<br>Albania | | | | | | |
| 亚美尼亚<br>Armenia | 7 | | 1 | 1 | | |
| 荷属安的列斯群岛<br>Netherlands Antilles | 315 | 1 | 11 | 6 | | |
| 安哥拉<br>Angola | | | 1 | | | |
| 阿根廷<br>Argentina | 131 | 12 | 16 | 17 | 1 | 3 |
| 美属萨摩亚<br>American Samoa | | | 1 | | | |
| 奥地利<br>Austria | 7688 | 230 | 827 | 982 | 26 | 62 |
| 澳大利亚<br>Australia | 9882 | 494 | 2611 | 635 | 70 | 183 |
| 阿鲁巴<br>Aruba | 1 | | | | | |
| 阿塞拜疆<br>Azerbaijan | 6 | | | 1 | | |

(续表 cont'd)

| 国家和地区<br>Country and Region | 总累计<br>Accumulated Number | | | 2015年<br>Year 2015 | | |
|---|---|---|---|---|---|---|
| | 发明<br>Invention | 实用新型<br>Utility Model | 外观设计<br>Design | 发明<br>Invention | 实用新型<br>Utility Model | 外观设计<br>Design |
| 波斯尼亚和黑塞哥维那<br>Bosnia and Herzegovina | 1 | | | | | |
| 巴巴多斯<br>Barbados | 1014 | 3 | 68 | 116 | 1 | 18 |
| 孟加拉国<br>Bangladesh | 7 | 1 | 4 | 5 | | |
| 比利时<br>Belgium | 7441 | 120 | 678 | 638 | 29 | 78 |
| 保加利亚<br>Bulgaria | 89 | 6 | 26 | 9 | | 4 |
| 巴林<br>Bahrain | 3 | | 1 | | | 1 |
| 布隆迪<br>Burundi | 1 | | | | | |
| 贝宁<br>Benin | | | | 1 | | |
| 百慕大群岛<br>Bermuda | 968 | 124 | 115 | 97 | 4 | 1 |
| 文莱<br>Brunei | 40 | 36 | 23 | 1 | 1 | |
| 玻利维亚<br>Bolivia | 1 | | | | | |
| 巴西<br>Brazil | 1394 | 80 | 478 | 134 | 6 | 30 |
| 巴哈马<br>Bahamas | 205 | 18 | 52 | 22 | | 1 |
| 白俄罗斯<br>Belarus | 19 | 3 | 6 | | | |
| 伯利兹<br>Belize | 33 | 52 | 12 | 7 | 14 | 1 |
| 加拿大<br>Canada | 13 197 | 457 | 1494 | 1025 | 46 | 82 |
| 刚果民主共和国<br>Democratic Republic of the Congo | | | 13 | | | 13 |
| 中非<br>Central African | | | 2 | | | |

# I 专利

## 一、专利申请受理与授权状况

(续表 cont'd)

| 国家和地区<br>Country and Region | 总累计<br>Accumulated Number | | | 2015年<br>Year 2015 | | |
|---|---|---|---|---|---|---|
| | 发明<br>Invention | 实用新型<br>Utility Model | 外观设计<br>Design | 发明<br>Invention | 实用新型<br>Utility Model | 外观设计<br>Design |
| 瑞士<br>Switzerland | 39 256 | 1114 | 7184 | 3432 | 166 | 840 |
| 科特迪瓦<br>Ivory Coast | | | | | | |
| 库克群岛<br>Cook Islands | 5 | 1 | 13 | 1 | | |
| 智利<br>Chile | 167 | 5 | 6 | 22 | | |
| 喀麦隆<br>Cameroon | 2 | | | | | |
| 哥伦比亚<br>Colombia | 61 | 3 | 13 | 8 | | |
| 哥斯达黎加<br>Costa Rica | 7 | | 1 | 1 | | |
| 捷克斯洛伐克<br>Czechoslovakia | 63 | 6 | 3 | | | |
| 塞尔维亚和黑山<br>Serbia and Montenegro | 2 | | | | | |
| 古巴<br>Cuba | 168 | | 3 | 12 | | |
| 库拉索<br>Curacao | 1 | | | 1 | | |
| 塞浦路斯<br>Cyprus | 267 | 14 | 52 | 17 | 4 | 2 |
| 捷克<br>Czech | 350 | 71 | 677 | 41 | 11 | 101 |
| 德国<br>Germany | 147 183 | 4287 | 17 252 | 13 851 | 771 | 1623 |
| 丹麦<br>Denmark | 9369 | 242 | 1809 | 845 | 32 | 135 |
| 多米尼克<br>Dominica | 3 | | | | | |
| 多米尼加<br>Dominican | 3 | 2 | | | | |
| 阿尔及利亚<br>Algeria | 6 | 1 | | 1 | | |

(续表 cont'd)

| 国家和地区<br>Country and Region | 总累计<br>Accumulated Number | | | 2015年<br>Year 2015 | | |
|---|---|---|---|---|---|---|
| | 发明<br>Invention | 实用新型<br>Utility Model | 外观设计<br>Design | 发明<br>Invention | 实用新型<br>Utility Model | 外观设计<br>Design |
| 厄瓜多尔<br>Ecuador | 11 | 2 | 5 | | | 2 |
| 爱沙尼亚<br>Estonia | 46 | 3 | 18 | 2 | | 2 |
| 埃及<br>Egypt | 29 | 5 | 21 | 5 | | |
| 西撒哈拉<br>Western Sahara | | 1 | | | | |
| 厄立特里亚<br>Eritrea | | | | | | |
| 西班牙<br>Spain | 4275 | 235 | 1858 | 342 | 34 | 139 |
| 埃塞俄比亚<br>Ethiopia | | 1 | 1 | | | |
| 芬兰<br>Finland | 14 798 | 399 | 1717 | 1041 | 68 | 116 |
| 斐济<br>Fiji | 1 | 8 | 1 | | | |
| 福克兰群岛（马尔维纳斯群岛）<br>Falkland Islands | | | 1 | | | |
| 法国<br>France | 54 403 | 1620 | 8367 | 4702 | 289 | 663 |
| 英国<br>U.K. | 28 836 | 867 | 5553 | 2221 | 115 | 696 |
| 格林纳达<br>Grenada | 1 | | | | | |
| 格鲁吉亚<br>Georgia | 6 | | 7 | | | 4 |
| 英属根西岛<br>Guernsey | 1 | | | 1 | | |
| 直布罗陀<br>Gibraltar | 24 | 1 | 4 | | 1 | 3 |
| 希腊<br>Greece | 251 | 3 | 64 | 18 | 1 | 23 |
| 危地马拉<br>Guatemala | 1 | | 6 | | | 6 |

# I 专利

## 一、专利申请受理与授权状况

(续表 cont'd)

| 国家和地区<br>Country and Region | 总累计<br>Accumulated Number | | | 2015年<br>Year 2015 | | |
|---|---|---|---|---|---|---|
| | 发明<br>Invention | 实用新型<br>Utility Model | 外观设计<br>Design | 发明<br>Invention | 实用新型<br>Utility Model | 外观设计<br>Design |
| 中国香港<br>Hong Kong, China | | | | | | |
| 洪都拉斯<br>Honduras | | | 1 | | | |
| 克罗地亚<br>Croatia | 132 | 4 | 6 | 3 | | 1 |
| 海地<br>Haiti | | | 1 | | | |
| 匈牙利<br>Hungary | 927 | 14 | 30 | 43 | 3 | 2 |
| 印度尼西亚<br>Indonesia | 84 | 25 | 134 | 9 | | 3 |
| 爱尔兰<br>Ireland | 1945 | 63 | 208 | 189 | 6 | 9 |
| 以色列<br>Israel | 6200 | 240 | 654 | 700 | 33 | 44 |
| 印度<br>India | 2609 | 54 | 385 | 235 | 9 | 36 |
| 伊拉克<br>Iraq | 4 | 2 | 4 | 1 | | 2 |
| 伊朗<br>Iran | 11 | 3 | 20 | | | 14 |
| 冰岛<br>Iceland | 207 | 1 | 1 | 10 | 1 | 0 |
| 意大利<br>Italy | 18 447 | 651 | 7027 | 1430 | 137 | 549 |
| 泽西岛<br>Jersey Island | 10 | | | 2 | | |
| 牙买加<br>Jamaica | 4 | | 1 | 1 | | |
| 约旦<br>Jordan | 21 | 6 | 8 | 7 | | 4 |
| 日本<br>Japan | 523 158 | 17 889 | 69 312 | 40 078 | 2701 | 3827 |
| 肯尼亚<br>Kenya | 5 | | 1 | 1 | | |

(续表 cont'd)

| 国家和地区<br>Country and Region | 总累计<br>Accumulated Number | | | 2015年<br>Year 2015 | | |
|---|---|---|---|---|---|---|
| | 发明<br>Invention | 实用新型<br>Utility Model | 外观设计<br>Design | 发明<br>Invention | 实用新型<br>Utility Model | 外观设计<br>Design |
| 吉尔吉斯斯坦 Kyrgyzstan | 5 | | | | | |
| 柬埔寨 Cambodia | 2 | | | 2 | | |
| 圣基茨和尼维斯 Saint Kitts and Nevis | 5 | 1 | | | | |
| 朝鲜 D.P.R.K. | 22 | 3 | | | | |
| 韩国 Korea | 124 409 | 3601 | 19 737 | 12 907 | 672 | 2818 |
| 科威特 Kuwait | 14 | | 2 | | | |
| 开曼群岛 Cayman Islands | 7399 | 290 | 1054 | 2961 | 36 | 419 |
| 哈萨克斯坦 Kazakhstan | 31 | 7 | | 4 | | |
| 黎巴嫩 Lebanon | 11 | 11 | 6 | 2 | 2 | 1 |
| 列支敦士登 Liechtenstein | 1319 | 10 | 567 | 114 | 3 | 37 |
| 斯里兰卡 Sri Lanka | 17 | 2 | 48 | 1 | | 14 |
| 利比里亚 Liberia | 2 | | 1 | | | |
| 莱索托 Lesotho | | 1 | | | | |
| 立陶宛 Lithuania | 17 | 1 | 9 | 5 | | |
| 卢森堡 Luxembourg | 1652 | 122 | 407 | 231 | 19 | 63 |
| 拉脱维亚 Latvia | 54 | 2 | 11 | 4 | | 1 |
| 摩洛哥 Morocco | 12 | 2 | 42 | 1 | | 34 |
| 摩纳哥 Monaco | 139 | 3 | 20 | 15 | 2 | 1 |

# I 专利

## 一、专利申请受理与授权状况

（续表 cont'd）

| 国家和地区<br>Country and Region | 总累计<br>Accumulated Number | | | 2015年<br>Year 2015 | | |
|---|---|---|---|---|---|---|
| | 发明<br>Invention | 实用新型<br>Utility Model | 外观设计<br>Design | 发明<br>Invention | 实用新型<br>Utility Model | 外观设计<br>Design |
| 摩尔多瓦 Moldova | 4 | | 2 | | | |
| 马达加斯加 Madagascar | 2 | | | | | |
| 马绍尔群岛 Marshall Islands | 12 | 3 | | 2 | 1 | |
| 马其顿 Macedonia | 2 | | | | | |
| 马里 Mali | 39 | 6 | 6 | 9 | 2 | 5 |
| 缅甸 Myanmar | | | 4 | | | |
| 蒙古 Mongolia | 4 | 1 | | | | |
| 马耳他 Malta | 149 | 7 | 12 | 39 | 6 | 3 |
| 毛里求斯 Mauritius | 86 | 33 | 34 | 3 | | 2 |
| 马尔代夫 Maldives | 2 | | | | | |
| 马拉维 Malawi | 2 | | | | | |
| 墨西哥 Mexican | 405 | 17 | 229 | 52 | 3 | 30 |
| 马来西亚 Malaysia | 815 | 163 | 605 | 92 | 14 | 29 |
| 纳米比亚 Namibia | 2 | | | | | |
| 尼日尔 Niger | 1 | | | | | |
| 尼日利亚 Nigeria | 4 | 3 | 10 | | | |
| 荷兰 Netherlands | 46 881 | 487 | 4518 | 3032 | 111 | 252 |
| 挪威 Norway | 3207 | 37 | 352 | 224 | 7 | 26 |

(续表 cont'd)

| 国家和地区<br>Country and Region | 总累计<br>Accumulated Number | | | 2015年<br>Year 2015 | | |
|---|---|---|---|---|---|---|
| | 发明<br>Invention | 实用新型<br>Utility Model | 外观设计<br>Design | 发明<br>Invention | 实用新型<br>Utility Model | 外观设计<br>Design |
| 尼泊尔<br>Nepal | | 2 | 1 | | | |
| 新西兰<br>New Zealand | 1447 | 68 | 342 | 164 | 10 | 41 |
| 阿曼<br>Oman | 3 | | | | | |
| 巴拿马<br>Panama | 275 | 8 | 39 | 1 | 3 | 7 |
| 秘鲁<br>Peru | 12 | 2 | | 1 | | |
| 巴布亚新几内亚<br>Papua New Guinea | | | 2 | | | 2 |
| 菲律宾<br>Philippines | 74 | 28 | 34 | 23 | 6 | 3 |
| 巴基斯坦<br>Pakistan | 12 | 3 | 11 | 1 | 1 | 2 |
| 波兰<br>Poland | 493 | 19 | 154 | 81 | 2 | 6 |
| 波多黎各<br>Puerto Rico | 18 | 1 | 3 | 3 | | |
| 葡萄牙<br>Portugal | 244 | 4 | 78 | 28 | | 4 |
| 巴拉圭<br>Paraguay | 1 | | 1 | | | |
| 卡塔尔<br>Qatar | 13 | | 4 | 6 | | 2 |
| 罗马尼亚<br>Romania | 32 | 2 | 6 | | 1 | |
| 塞尔维亚<br>Serbia | 13 | | | 2 | | |
| 俄罗斯<br>Russia | 2114 | 220 | 243 | 148 | 24 | 25 |
| 沙特阿拉伯<br>Saudi Arabia | 652 | 10 | 308 | 152 | 1 | 1 |
| 塞舌尔<br>Seychelles | 115 | 41 | 37 | 13 | 11 | 18 |

# I 专利

## 一、专利申请受理与授权状况

(续表 cont'd)

| 国家和地区<br>Country and Region | 总累计<br>Accumulated Number | | | 2015年<br>Year 2015 | | |
| --- | --- | --- | --- | --- | --- | --- |
| | 发明<br>Invention | 实用新型<br>Utility Model | 外观设计<br>Design | 发明<br>Invention | 实用新型<br>Utility Model | 外观设计<br>Design |
| 苏丹 Sudan | 2 | | | 1 | | |
| 瑞典 Sweden | 24 627 | 439 | 2757 | 1948 | 53 | 210 |
| 新加坡 Singapore | 4830 | 454 | 1222 | 714 | 93 | 68 |
| 斯洛文尼亚 Slovenia | 283 | 1 | 48 | 22 | | 7 |
| 斯洛伐克 Slovakia | 72 | 3 | 38 | 11 | | 5 |
| 圣马力诺 San Marino | 14 | 3 | 2 | | | |
| 塞内加尔 Senegal | 1 | | 1 | | | |
| 萨尔瓦多 El Salvador | 2 | | | | | |
| 叙利亚 Syria | 2 | 1 | 3 | 1 | | 1 |
| 斯威士兰 Swaziland | 1 | | | | | |
| 特克斯和凯科斯群岛 Turks and Caicos Islands | | | 1 | | | |
| 乍得 Chad | 1 | 1 | | | 1 | |
| 泰国 Thailand | 245 | 100 | 329 | 20 | 5 | 16 |
| 突尼斯 Tunisia | 16 | | 2 | 2 | | |
| 土耳其 Turkey | 595 | 75 | 459 | 82 | 8 | 36 |
| 特立尼达和多巴哥 Trinidad and Tobago | 4 | | 1 | | | |
| 中国台湾 Taiwan of China | | | | | | |
| 坦桑尼亚 Tanzania | | 1 | 1 | | | |

(续表 cont'd)

| 国家和地区<br>Country and Region | 总累计 Accumulated Number | | | 2015年 Year 2015 | | |
|---|---|---|---|---|---|---|
| | 发明<br>Invention | 实用新型<br>Utility Model | 外观设计<br>Design | 发明<br>Invention | 实用新型<br>Utility Model | 外观设计<br>Design |
| 乌克兰 Ukraine | 121 | 24 | 12 | 13 | 1 | |
| 乌干达 Uganda | | | 2 | | | |
| 美国 U.S.A. | 381 746 | 12 698 | 38 408 | 37 216 | 2110 | 3952 |
| 乌拉圭 Uruguay | 24 | 3 | | 5 | | |
| 乌兹别克斯坦 Uzbekistan | 9 | 1 | | | | |
| 梵蒂冈 Vatican | 2 | | | | | |
| 圣文森特和格林纳丁斯 St.Vincent and the Grenadines | 9 | | | 2 | | |
| 委内瑞拉 Venezuela | 54 | | 9 | 4 | | |
| 英属维尔京群岛 British Virgin Islands | 1996 | 615 | 1420 | 174 | 58 | 86 |
| 越南 Viet Nam | 20 | 4 | 45 | 2 | 1 | 8 |
| 瓦努阿图 Vanuatu | 11 | | 1 | | | |
| 萨摩亚 Samoa | 125 | 98 | 51 | 18 | 7 | 3 |
| 也门 Yemen | | | 5 | | | |
| 南斯拉夫 Yugoslavia | 31 | | 8 | | | |
| 南非 South Africa | 1266 | 31 | 117 | 68 | 5 | 14 |
| 赞比亚 Zambia | 3 | 1 | | 1 | 1 | |
| 津巴布韦 Zimbabwe | 7 | | 1 | | | |

表4　国内外三种专利申请授权年度状况（1985.12~2015.12）（单位：件）

Distribution of Annual Grants for Three Kinds of Patents Received from Home and Abroad（1985.12−2015.12）　　（unit：piece）

|  | 年份 Year | 合计 Total | 发明 Invention | 实用新型 Utility Model | 外观设计 Design |
| --- | --- | --- | --- | --- | --- |
| 合计 Total | 1985~2010 | 3 897 359 | 721 753 | 1 713 106 | 1 462 500 |
|  | 2011 | 960 513 | 172 113 | 408 110 | 380 290 |
|  | 2012 | 1 255 138 | 217 105 | 571 175 | 466 858 |
|  | 2013 | 1 313 000 | 207 688 | 692 845 | 412 467 |
|  | 2014 | 1 302 687 | 233 228 | 707 883 | 361 576 |
|  | 2015 | 1 718 192 | 359 316 | 876 217 | 482 659 |
| 国内 Domestic | 1985~2010 | 3 384 472 | 336 134 | 1 699 465 | 1 348 873 |
|  | 2011 | 883 861 | 112 347 | 405 086 | 366 428 |
|  | 2012 | 1 163 226 | 143 847 | 566 750 | 452 629 |
|  | 2013 | 1 228 413 | 143 535 | 686 208 | 398 670 |
|  | 2014 | 1 209 402 | 162 680 | 699 971 | 346 751 |
|  | 2015 | 1 596 977 | 263 436 | 868 734 | 464 807 |
| 国外 Foreign | 1985~2010 | 512 887 | 385 619 | 13 641 | 113 627 |
|  | 2011 | 76 652 | 59 766 | 3024 | 13 862 |
|  | 2012 | 91 912 | 73 258 | 4425 | 14 229 |
|  | 2013 | 84 587 | 64 153 | 6637 | 13 797 |
|  | 2014 | 93 285 | 70 548 | 7912 | 14 825 |
|  | 2015 | 121 215 | 95 880 | 7483 | 17 852 |

表5 国内三种专利申请授权量（1985.12～2015.12） （单位：件）

Distribution of Grants for Three Kinds of Patents Received from Home（1985.12-2015.12） （unit：piece）

| 地区<br>Region | 总累计<br>Accumulated Number | | | 2015年<br>Year 2015 | | |
|---|---|---|---|---|---|---|
| | 发明<br>Invention | 实用新型<br>Utility Model | 外观设计<br>Design | 发明<br>Invention | 实用新型<br>Utility Model | 外观设计<br>Design |
| 合计 Total | 1 161 979 | 4 926 214 | 3 378 158 | 263 436 | 868 734 | 464 807 |
| 北京 Beijing | 166 773 | 275 099 | 69 435 | 35 308 | 45 773 | 12 950 |
| 天津 Tianjin | 27 005 | 127 151 | 28 179 | 4624 | 28 486 | 4232 |
| 河北 Hebei | 16 824 | 113 105 | 34 152 | 3840 | 19 103 | 7187 |
| 山西 Shanxi | 11 896 | 42 936 | 10 857 | 2432 | 6037 | 1551 |
| 内蒙古 Inner Mongolia | 4137 | 22 527 | 7925 | 797 | 3757 | 968 |
| 辽宁 Liaoning | 34 849 | 163 802 | 28 641 | 6569 | 15 706 | 2907 |
| 吉林 Jilin | 12 996 | 45 647 | 10 306 | 2240 | 5638 | 1000 |
| 黑龙江 Heilongjiang | 19 728 | 91 501 | 29 302 | 4024 | 12 502 | 2417 |
| 上海 Shanghai | 90 109 | 243 334 | 150 868 | 17 601 | 33 131 | 9891 |
| 江苏 Jiangsu | 124 496 | 604 001 | 838 612 | 36 015 | 119 513 | 94 762 |
| 浙江 Zhejiang | 90 320 | 637 302 | 642 242 | 23 345 | 124 465 | 87 173 |
| 安徽 Anhui | 29 731 | 187 106 | 66 416 | 11 180 | 41 094 | 6765 |
| 福建 Fujian | 21 286 | 146 225 | 110 719 | 5730 | 34 086 | 21 805 |
| 江西 Jiangxi | 7311 | 51 221 | 29 279 | 1639 | 13 408 | 9114 |
| 山东 Shandong | 65 372 | 445 030 | 106 885 | 16 881 | 68 776 | 12 444 |

（续表 cont'd）

| 地区 Region | 总累计 Accumulated Number | | | 2015年 Year 2015 | | |
| --- | --- | --- | --- | --- | --- | --- |
| | 发明 Invention | 实用新型 Utility Model | 外观设计 Design | 发明 Invention | 实用新型 Utility Model | 外观设计 Design |
| 河南 Henan | 23 948 | 164 293 | 50 152 | 5384 | 32 592 | 9790 |
| 湖北 Hubei | 33 475 | 142 613 | 40 894 | 7766 | 25 298 | 5717 |
| 湖南 Hunan | 29 211 | 120 417 | 50 813 | 6776 | 18 467 | 8832 |
| 广东 Guangdong | 161 410 | 578 352 | 708 219 | 33 477 | 105 254 | 102 445 |
| 广西 Guangxi | 10 892 | 40 862 | 16 004 | 4017 | 7091 | 2465 |
| 重庆 Chongqing | 16 781 | 106 463 | 53 192 | 3964 | 25 444 | 9506 |
| 四川 Sichuan | 36 604 | 167 689 | 148 973 | 9105 | 31 420 | 24 428 |
| 贵州 Guizhou | 6721 | 32 172 | 20 275 | 1501 | 7007 | 5607 |
| 云南 Yunnan | 10 776 | 36 927 | 15 611 | 2079 | 7437 | 2142 |
| 西藏 Tibet | 287 | 425 | 863 | 40 | 51 | 107 |
| 陕西 Shaanxi | 30 703 | 93 986 | 27 213 | 6812 | 16 151 | 10 387 |
| 甘肃 Gansu | 5981 | 23 515 | 5600 | 1238 | 4478 | 1196 |
| 青海 Qinghai | 888 | 3061 | 1939 | 207 | 687 | 323 |
| 宁夏 Ningxia | 1610 | 7250 | 3004 | 442 | 1267 | 156 |
| 新疆 Xinjiang | 4017 | 28 911 | 9174 | 950 | 5049 | 2762 |
| 海南 Hainan | 2494 | 5503 | 3890 | 417 | 1148 | 496 |
| 香港 Hong Kong | 4115 | 9617 | 24 599 | 621 | 802 | 1517 |
| 澳门 Macao | 82 | 229 | 229 | 17 | 20 | 105 |

(续表 cont'd)

| 地区 Region | 总累计 Accumulated Number | | | 2015年 Year 2015 | | |
|---|---|---|---|---|---|---|
| | 发明 Invention | 实用新型 Utility Model | 外观设计 Design | 发明 Invention | 实用新型 Utility Model | 外观设计 Design |
| 台湾 Taiwan | 59 151 | 167 942 | 33 696 | 6398 | 7596 | 1660 |
| 广州 Guangzhou | 30 653 | 93 283 | 96 720 | 6626 | 17 293 | 15 964 |
| 长春 Changchun | 9272 | 21 754 | 4595 | 1832 | 3681 | 468 |
| 武汉 Wuhan | 26 503 | 78 149 | 17 756 | 6003 | 13 609 | 2128 |
| 南京 Nanjing | 35 283 | 69 205 | 32 486 | 8268 | 15 093 | 4792 |
| 杭州 Hangzhou | 39 861 | 134 848 | 92 082 | 8298 | 24 816 | 13 206 |
| 西安 Xi'an | 26 145 | 68 690 | 17 400 | 5992 | 12 135 | 7245 |
| 济南 Jinan | 16 070 | 74 186 | 10 468 | 3915 | 10 070 | 1588 |
| 沈阳 Shenyang | 14 025 | 50 731 | 11 586 | 2680 | 5388 | 966 |
| 成都 Chengdu | 24 720 | 101 056 | 115 099 | 6206 | 19 954 | 18 692 |
| 大连 Dalian | 11 420 | 46 453 | 6771 | 2337 | 4076 | 768 |
| 厦门 Xiamen | 6575 | 35 676 | 21 832 | 1694 | 6619 | 4161 |
| 哈尔滨 Harbin | 15 692 | 43 973 | 13 783 | 3490 | 7579 | 1398 |
| 深圳 Shenzhen | 93 795 | 173 489 | 135 545 | 16 956 | 33 104 | 22 066 |
| 青岛 Qingdao | 15 658 | 67 591 | 23 525 | 5170 | 12 320 | 2686 |
| 宁波 Ningbo | 17 507 | 137 027 | 165 901 | 5412 | 23 071 | 17 605 |
| 新疆建设兵团 Xinjiang Bingtuan | 483 | 2576 | 224 | 174 | 709 | 47 |

# I 专利

一、专利申请受理与授权状况

表6 国外三种专利申请授权量（1985.12~2015.12） （单位：件）

Distribution of Grants for Three Kinds of Patents Received from Abroad（1985.12-2015.12） （unit：piece）

| 国家和地区<br>Country and Region | 总累计<br>Accumulated Number | | | 2015年<br>Year 2015 | | |
|---|---|---|---|---|---|---|
| | 发明<br>Invention | 实用新型<br>Utility Model | 外观设计<br>Design | 发明<br>Invention | 实用新型<br>Utility Model | 外观设计<br>Design |
| 合计<br>Total | 749 223 | 43 122 | 188 186 | 95 880 | 7483 | 17 852 |
| 安道尔<br>Andorra | 5 | 1 | 2 | | 1 | |
| 阿联酋<br>United Arab Emirates | 24 | 16 | 153 | 8 | 5 | 6 |
| 阿富汗<br>Afghanistan | | | 10 | | | |
| 安提瓜和巴布达<br>Antigua and Barbuda | 4 | | 3 | | | |
| 安圭拉<br>Anguilla | | 2 | | | | |
| 亚美尼亚<br>Armenia | 2 | | 1 | | | |
| 荷属安的列斯群岛<br>Netherlands Antilles | 207 | 1 | 9 | 8 | 1 | |
| 安哥拉<br>Angola | | | 1 | | | |
| 阿根廷<br>Argentina | 33 | 10 | 15 | 6 | | 3 |
| 美属萨摩亚<br>American Samoa | 1 | 1 | | 1 | | |
| 奥地利<br>Austria | 3665 | 209 | 764 | 690 | 26 | 70 |
| 澳大利亚<br>Australia | 4373 | 416 | 2435 | 458 | 71 | 237 |
| 阿塞拜疆<br>Azerbaijan | 2 | | | 1 | | |
| 巴巴多斯<br>Barbados | 425 | 4 | 52 | 107 | | 21 |
| 孟加拉国<br>Bangladesh | | 1 | 3 | | | |
| 比利时<br>Belgium | 3725 | 96 | 636 | 499 | 23 | 90 |
| 保加利亚<br>Bulgaria | 27 | 5 | 23 | 3 | 1 | 1 |
| 巴林<br>Bahrain | 1 | | | | | |

# 中国知识产权统计年报2015
## China Intellectual Property Statistical Yearbook 2015

(续表 cont'd)

| 国家和地区<br>Country and Region | 总累计<br>Accumulated Number | | | 2015年<br>Year 2015 | | |
|---|---|---|---|---|---|---|
| | 发明<br>Invention | 实用新型<br>Utility Model | 外观设计<br>Design | 发明<br>Invention | 实用新型<br>Utility Model | 外观设计<br>Design |
| 贝宁<br>Benin | | | 1 | | | |
| 百慕大群岛<br>Bermuda | 367 | 105 | 103 | 34 | 8 | 8 |
| 文莱<br>Brunei | 24 | 33 | 28 | 7 | 1 | 3 |
| 巴西<br>Brazil | 568 | 75 | 429 | 88 | 8 | 60 |
| 巴哈马<br>Bahamas | 110 | 19 | 47 | 18 | | 4 |
| 白俄罗斯<br>Belarus | 8 | | 6 | | | |
| 伯利兹<br>Belize | 3 | 47 | 12 | | 11 | 1 |
| 加拿大<br>Canada | 5836 | 388 | 1340 | 731 | 46 | 97 |
| 刚果民主共和国<br>Democratic Republic of the Congo | | | 6 | | | 6 |
| 中非<br>Central African | | | 2 | | | |
| 瑞士<br>Switzerland | 19 855 | 994 | 6489 | 2580 | 185 | 659 |
| 库克群岛<br>Cook Islands | 4 | 1 | 15 | | | |
| 智利<br>Chile | 56 | 5 | 4 | 14 | | 1 |
| 喀麦隆<br>Cameroon | 1 | | | | | |
| 哥伦比亚<br>Colombia | 24 | 3 | 12 | 4 | | |
| 哥斯达黎加<br>Costa Rica | 1 | | 1 | | | |
| 捷克斯洛伐克<br>Czechoslovakia | 23 | 6 | 3 | | | |
| 古巴<br>Cuba | 97 | | 2 | 7 | | |
| 库拉索<br>Curacao | 1 | | | | | |
| 塞浦路斯<br>Cyprus | 109 | 13 | 49 | 9 | 3 | 1 |

# I 专利

## 一、专利申请受理与授权状况

(续表 cont'd)

| 国家和地区<br>Country and Region | 总累计<br>Accumulated Number | | | 2015年<br>Year 2015 | | |
|---|---|---|---|---|---|---|
| | 发明<br>Invention | 实用新型<br>Utility Model | 外观设计<br>Design | 发明<br>Invention | 实用新型<br>Utility Model | 外观设计<br>Design |
| 捷克 Czech | 151 | 75 | 643 | 14 | 12 | 98 |
| 德国 Germany | 70 583 | 3782 | 15 985 | 10 533 | 920 | 1739 |
| 丹麦 Denmark | 4376 | 212 | 1709 | 636 | 38 | 147 |
| 多米尼加 Dominican | 5 | 2 | | 1 | | |
| 阿尔及利亚 Algeria | 1 | 1 | 2 | 1 | | |
| 厄瓜多尔 Ecuador | 3 | 1 | 5 | | | 2 |
| 爱沙尼亚 Estonia | 16 | 3 | 16 | 5 | 1 | 4 |
| 埃及 Egypt | 5 | 6 | 21 | | | |
| 西班牙 Spain | 1614 | 200 | 1693 | 234 | 32 | 148 |
| 埃塞俄比亚 Ethiopia | | 1 | 1 | | 1 | |
| 芬兰 Finland | 7651 | 352 | 1615 | 852 | 59 | 116 |
| 斐济 Fiji | | 8 | 1 | | | |
| 福克兰群岛（马尔维纳斯群岛）Falkland Islands | | | 1 | | | |
| 法国 France | 28 020 | 1255 | 7733 | 3503 | 274 | 664 |
| 加蓬 Gabon | 2 | | | | | |
| 英国 U.K. | 12 675 | 748 | 5083 | 1414 | 102 | 675 |
| 格鲁吉亚 Georgia | 2 | | 3 | | | |
| 直布罗陀 Gibraltar | 18 | 1 | 3 | 2 | 1 | 2 |
| 希腊 Greece | 108 | 1 | 50 | 16 | | 14 |
| 危地马拉 Guatemala | | | 1 | | | 1 |

(续表 cont'd)

| 国家和地区<br>Country and Region | 总累计<br>Accumulated Number | | | 2015年<br>Year 2015 | | |
|---|---|---|---|---|---|---|
| | 发明<br>Invention | 实用新型<br>Utility Model | 外观设计<br>Design | 发明<br>Invention | 实用新型<br>Utility Model | 外观设计<br>Design |
| 洪都拉斯 Honduras | | | 1 | | | |
| 克罗地亚 Croatia | 55 | 5 | 5 | | | |
| 海地 Haiti | | | 1 | | | |
| 匈牙利 Hungary | 376 | 16 | 26 | 22 | 2 | 1 |
| 印度尼西亚 Indonesia | 30 | 18 | 127 | 3 | | 5 |
| 爱尔兰 Ireland | 869 | 50 | 196 | 171 | 7 | 13 |
| 以色列 Israel | 2119 | 208 | 577 | 365 | 33 | 55 |
| 印度 India | 992 | 46 | 350 | 198 | 9 | 34 |
| 伊拉克 Iraq | | 2 | 3 | | | 1 |
| 伊朗 Iran | 4 | 3 | 17 | | | 14 |
| 冰岛 Iceland | 122 | | 1 | 9 | | 1 |
| 意大利 Italy | 9621 | 531 | 6381 | 1156 | 74 | 539 |
| 泽西岛 Jersey Island | 5 | | | | | |
| 牙买加 Jamaica | | | | | | |
| 约旦 Jordan | 2 | 5 | 7 | | | 3 |
| 日本 Japan | 301 469 | 16 130 | 66 664 | 36 418 | 2799 | 4218 |
| 肯尼亚 Kenya | 1 | | 1 | | | |
| 吉尔吉斯斯坦 Kyrgyzstan | 3 | | | | | |
| 圣基茨和尼维斯 Saint Kitts and Nevis | 1 | 1 | | | | |
| 朝鲜 D.P.R.K. | 9 | 4 | | 1 | | |

# I 专利

## 一、专利申请受理与授权状况

（续表 cont'd）

| 国家和地区<br>Country and Region | 总累计<br>Accumulated Number | | | 2015年<br>Year 2015 | | |
|---|---|---|---|---|---|---|
| | 发明<br>Invention | 实用新型<br>Utility Model | 外观设计<br>Design | 发明<br>Invention | 实用新型<br>Utility Model | 外观设计<br>Design |
| 韩国<br>Korea | 57 301 | 2980 | 18 191 | 6262 | 470 | 2689 |
| 科威特<br>Kuwait | 6 | | 2 | | | |
| 开曼群岛<br>Cayman Islands | 1048 | 258 | 838 | 318 | 32 | 374 |
| 哈萨克斯坦<br>Kazakhstan | 14 | 8 | | 1 | | |
| 黎巴嫩<br>Lebanon | 5 | 7 | 5 | 3 | | 1 |
| 列支敦士登<br>Liechtenstein | 638 | 6 | 550 | 89 | 1 | 35 |
| 斯里兰卡<br>Sri Lanka | 7 | 2 | 24 | 2 | | 1 |
| 利比里亚<br>Liberia | 2 | | 1 | | | |
| 莱索托<br>Lesotho | | 1 | | | | |
| 立陶宛<br>Lithuania | 3 | 1 | 8 | 1 | | |
| 卢森堡<br>Luxembourg | 813 | 102 | 348 | 142 | 20 | 71 |
| 拉脱维亚<br>Latvia | 26 | 3 | 10 | 5 | | 2 |
| 摩洛哥<br>Morocco | 8 | 2 | 42 | 1 | | 34 |
| 摩纳哥<br>Monaco | 62 | 8 | 20 | 3 | 1 | 1 |
| 摩尔多瓦<br>Moldova | 1 | | 1 | | | 1 |
| 马达加斯加<br>Madagascar | 2 | | | | | |
| 马绍尔群岛<br>Marshall Islands | 2 | 3 | | 1 | 2 | |
| 马其顿<br>Macedonia | | | | | | |
| 马里<br>Mali | 3 | 3 | 4 | 1 | | 4 |
| 缅甸<br>Myanmar | | | 4 | | | 4 |

（续表 cont'd）

(续表 cont'd)

| 国家和地区<br>Country and Region | 总累计<br>Accumulated Number | | | 2015年<br>Year 2015 | | |
|---|---|---|---|---|---|---|
| | 发明<br>Invention | 实用新型<br>Utility Model | 外观设计<br>Design | 发明<br>Invention | 实用新型<br>Utility Model | 外观设计<br>Design |
| 蒙古<br>Mongolia | 4 | 2 | 1 | | | |
| 马耳他<br>Malta | 63 | 1 | 6 | 9 | | |
| 毛里求斯<br>Mauritius | 60 | 28 | 38 | 7 | | 3 |
| 马尔代夫<br>Maldives | 1 | | | | | |
| 墨西哥<br>Mexican | 205 | 10 | 184 | 31 | | 79 |
| 马来西亚<br>Malaysia | 294 | 142 | 554 | 53 | 14 | 60 |
| 纳米比亚<br>Namibia | 1 | | | | | |
| 尼日利亚<br>Nigeria | | 2 | 11 | | | 3 |
| 荷兰<br>Netherlands | 22 826 | 401 | 4193 | 2284 | 86 | 288 |
| 挪威<br>Norway | 1653 | 29 | 313 | 202 | 4 | 32 |
| 尼泊尔<br>Nepal | | 2 | 1 | | | |
| 新西兰<br>New Zealand | 561 | 54 | 302 | 73 | 13 | 45 |
| 阿曼<br>Oman | 1 | | | | | |
| 巴拿马<br>Panama | 226 | 6 | 36 | 2 | 1 | 4 |
| 秘鲁<br>Peru | 3 | 2 | | 1 | | |
| 巴布亚新几内亚<br>Papua New Guinea | | | 1 | | | 1 |
| 菲律宾<br>Philippines | 23 | 21 | 28 | 9 | 1 | 3 |
| 巴基斯坦<br>Pakistan | 2 | 2 | 9 | 1 | | 3 |
| 波兰<br>Poland | 169 | 19 | 135 | 36 | 1 | 7 |
| 波多黎各<br>Puerto Rico | 3 | 1 | 3 | 3 | | |

# I 专利

## 一、专利申请受理与授权状况

(续表 cont'd)

| 国家和地区<br>Country and Region | 总累计<br>Accumulated Number | | | 2015年<br>Year 2015 | | |
|---|---|---|---|---|---|---|
| | 发明<br>Invention | 实用新型<br>Utility Model | 外观设计<br>Design | 发明<br>Invention | 实用新型<br>Utility Model | 外观设计<br>Design |
| 葡萄牙<br>Portugal | 91 | 3 | 62 | 21 | | 11 |
| 巴拉圭<br>Paraguay | | | 1 | | | |
| 卡塔尔<br>Qatar | 1 | | 4 | | | 2 |
| 罗马尼亚<br>Romania | 12 | 2 | 7 | | 1 | 1 |
| 塞尔维亚<br>Serbia | 4 | 1 | | 1 | | |
| 俄罗斯<br>Russia | 770 | 224 | 214 | 89 | 32 | 32 |
| 沙特阿拉伯<br>Saudi Arabia | 204 | 11 | 298 | 55 | 3 | 1 |
| 塞舌尔<br>Seychelles | 34 | 27 | 31 | 9 | 10 | 17 |
| 瑞典<br>Sweden | 13 052 | 393 | 2578 | 1495 | 49 | 233 |
| 新加坡<br>Singapore | 1823 | 372 | 1139 | 343 | 61 | 85 |
| 斯洛文尼亚<br>Slovenia | 144 | 1 | 44 | 25 | | 6 |
| 斯洛伐克<br>Slovakia | 29 | 3 | 33 | 6 | | 3 |
| 圣马力诺<br>San Marino | 5 | 3 | 2 | | | |
| 塞内加尔<br>Senegal | | | 1 | | | |
| 萨尔瓦多<br>El Salvador | 2 | | | | | |
| 叙利亚<br>Syria | 1 | 1 | 3 | | | 1 |
| 斯威士兰<br>Swaziland | 1 | | | | | |
| 特克斯和凯科斯群岛<br>Turks and Caicos Islands | | | 1 | | | |
| 乍得<br>Chad | | | | | | |
| 泰国<br>Thailand | 84 | 81 | 298 | 17 | 3 | 7 |

(续表 cont'd)

| 国家和地区<br>Country and Region | 总累计<br>Accumulated Number | | | 2015年<br>Year 2015 | | |
|---|---|---|---|---|---|---|
| | 发明<br>Invention | 实用新型<br>Utility Model | 外观设计<br>Design | 发明<br>Invention | 实用新型<br>Utility Model | 外观设计<br>Design |
| 突尼斯 Tunisia | 1 | | 2 | | | |
| 土耳其 Turkey | 257 | 67 | 409 | 61 | 7 | 44 |
| 特立尼达和多巴哥 Trinidad and Tobago | 3 | | 1 | | | |
| 坦桑尼亚 Tanzania | | 1 | 1 | | | |
| 乌克兰 Ukraine | 50 | 20 | 10 | 8 | 2 | 2 |
| 乌干达 Uganda | | | 2 | | | |
| 美国 U.S.A. | 164 410 | 11 023 | 34 156 | 23 157 | 1844 | 3841 |
| 乌拉圭 Uruguay | 11 | 1 | 1 | | | |
| 乌兹别克斯坦 Uzbekistan | 5 | 1 | | 2 | | |
| 圣文森特和格林纳丁斯 St.Vincent and the Grenadines | 8 | | | 1 | | |
| 委内瑞拉 Venezuela | 40 | | 7 | 3 | | 1 |
| 英属维尔京群岛 British Virgin Islands | 1004 | 534 | 1244 | 149 | 54 | 38 |
| 越南 Viet Nam | 7 | 3 | 35 | 3 | | 3 |
| 瓦努阿图 Vanuatu | | 5 | | | | |
| 萨摩亚 Samoa | 25 | 97 | 50 | 7 | 10 | 4 |
| 也门 Yemen | | | 4 | | | |
| 南斯拉夫 Yugoslavia | 17 | | 7 | | | |
| 南非 South Africa | 596 | 28 | 105 | 61 | 5 | 13 |
| 赞比亚 Zambia | | 1 | | | 1 | |
| 津巴布韦 Zimbabwe | 3 | | 1 | | | |

## 表7 国内外三种专利有效状况（2015.12） （单位：件）
## Distribution of Patents in Force for Three Kinds Received from Home and Abroad（2015.12） （unit：piece）

|  | 年份<br>Year | 合计<br>Total | 发明<br>Invention | 实用新型<br>Utility Model | 外观设计<br>Design |
| --- | --- | --- | --- | --- | --- |
| 合计<br>Total | 2011 | 2 739 906 | 696 939 | 1 120 596 | 922 371 |
| | 2012 | 3 508 561 | 875 385 | 1 501 044 | 1 132 132 |
| | 2013 | 4 195 139 | 1 033 908 | 1 936 789 | 1 224 442 |
| | 2014 | 4 642 506 | 1 196 497 | 2 291 326 | 1 154 683 |
| | 2015 | 5 477 625 | 1 472 374 | 2 732 554 | 1 272 697 |
| 国内<br>Domestic | 2011 | 2 303 015 | 351 288 | 1 109 958 | 841 769 |
| | 2012 | 3 005 023 | 473 187 | 1 486 839 | 1 044 997 |
| | 2013 | 3 635 929 | 586 493 | 1 917 122 | 1 132 314 |
| | 2014 | 4 032 362 | 708 690 | 2 265 224 | 1 058 448 |
| | 2015 | 4 792 356 | 921 757 | 2 700 833 | 1 169 766 |
| 国外<br>Foreign | 2011 | 436 891 | 345 651 | 10 638 | 80 602 |
| | 2012 | 503 538 | 402 198 | 14 205 | 87 135 |
| | 2013 | 559 210 | 447 415 | 19 667 | 92 128 |
| | 2014 | 610 144 | 487 807 | 26 102 | 96 235 |
| | 2015 | 685 269 | 550 617 | 31 721 | 102 931 |

*有效量：报告期末处于专利权维持状态的案卷数量。统计范围为：发明、实用新型、外观设计。与申请量和授权量不同，有效量是存量数据而非流量数据。

# 中国知识产权统计年报2015
## China Intellectual Property Statistical Yearbook 2015

### 表8 国内三种专利有效量（2015.12） （单位：件）
### Distribution of Patents in Force for Three Kinds Received from Home（2015.12）
（unit：piece）

| 地区<br>Region | 2015年 Year 2015 | | | |
|---|---|---|---|---|
| | 合计<br>Total | 发 明<br>Invention | 实用新型<br>Utility Model | 外观设计<br>Design |
| 全国总计 Total | 4 792 356 | 921 757 | 2 700 833 | 1 169 766 |
| 北京 Beijing | 344 916 | 133 040 | 175 610 | 36 266 |
| 天津 Tianjin | 103 775 | 18 493 | 73 557 | 11 725 |
| 河北 Hebei | 86 360 | 12 279 | 57 744 | 16 337 |
| 山西 Shanxi | 34 009 | 8104 | 21 773 | 4 132 |
| 内蒙古 Inner Mongolia | 16 799 | 3 051 | 10 769 | 2979 |
| 辽宁 Liaoning | 90 970 | 23 242 | 58 904 | 8824 |
| 吉林 Jilin | 29 046 | 7705 | 17 693 | 3648 |
| 黑龙江 Heilongjiang | 58 789 | 12 955 | 37 013 | 8821 |
| 上海 Shanghai | 251 157 | 69 982 | 144 098 | 37 077 |
| 江苏 Jiangsu | 674 053 | 113 160 | 370 168 | 190 725 |
| 浙江 Zhejiang | 668 889 | 70 981 | 363 027 | 234 881 |
| 安徽 Anhui | 162 177 | 26 075 | 114 736 | 21 366 |
| 福建 Fujian | 162 451 | 17 868 | 93 335 | 51 248 |
| 江西 Jiangxi | 51 824 | 5322 | 29 514 | 16 988 |
| 山东 Shandong | 270 920 | 47 694 | 186 544 | 36 682 |

# I 专利

## 一、专利申请受理与授权状况

(续表 cont'd)

| 地区<br>Region | 2015年<br>Year 2015 | | | |
| --- | --- | --- | --- | --- |
| | 合计<br>Total | 发 明<br>Invention | 实用新型<br>Utility Model | 外观设计<br>Design |
| 河南 Henan | 126 381 | 17 571 | 87 001 | 21 809 |
| 湖北 Hubei | 119 345 | 24 998 | 79 125 | 15 222 |
| 湖南 Hunan | 107 088 | 22 183 | 63 061 | 21 844 |
| 广东 Guangdong | 802 493 | 138 878 | 370 988 | 292 627 |
| 广西 Guangxi | 37 215 | 9418 | 20 921 | 6876 |
| 重庆 Chongqing | 94 975 | 12 810 | 59 821 | 22 344 |
| 四川 Sichuan | 169 203 | 28 723 | 90 146 | 50 334 |
| 贵州 Guizhou | 34 909 | 5428 | 19 428 | 10 053 |
| 云南 Yunnan | 34 045 | 7608 | 20 543 | 5894 |
| 西藏 Tibet | 724 | 298 | 161 | 265 |
| 陕西 Shaanxi | 86 053 | 22 662 | 48 040 | 15 351 |
| 甘肃 Gansu | 18 580 | 4093 | 12 013 | 2474 |
| 青海 Qinghai | 2975 | 655 | 1557 | 763 |
| 宁夏 Ningxia | 5317 | 1148 | 3612 | 557 |
| 新疆 Xinjiang | 21 681 | 3072 | 13 936 | 4673 |
| 海南 Hainan | 6416 | 2111 | 2953 | 1352 |
| 香港 Hong Kong | 14 608 | 3948 | 3874 | 6786 |
| 澳门 Macao | 360 | 73 | 127 | 160 |

(续表 cont'd)

(续表 cont'd)

| 地区<br>Region | 2015年<br>Year 2015 | | | |
|---|---|---|---|---|
| | 合计<br>Total | 发明<br>Invention | 实用新型<br>Utility Model | 外观设计<br>Design |
| 台湾<br>Taiwan | 103 853 | 46 129 | 49 041 | 8683 |
| 广州<br>Guangzhou | 125 200 | 24 142 | 58 161 | 42 897 |
| 长春<br>Changchun | 19 423 | 5724 | 11 629 | 2070 |
| 武汉<br>Wuhan | 70 850 | 19 610 | 44 404 | 6836 |
| 南京<br>Nanjing | 87 830 | 27 173 | 46 979 | 13 678 |
| 杭州<br>Hangzhou | 142 177 | 30 280 | 77 349 | 34 548 |
| 西安<br>Xi'an | 67 216 | 19 787 | 37 187 | 10 242 |
| 济南<br>Jinan | 46 854 | 11 387 | 30 862 | 4605 |
| 沈阳<br>Shenyang | 30 301 | 9104 | 18 069 | 3128 |
| 成都<br>Chengdu | 109 668 | 19 758 | 55 229 | 34 681 |
| 大连<br>Dalian | 26 655 | 8135 | 16 284 | 2236 |
| 厦门<br>Xiamen | 41 144 | 5550 | 24 626 | 10 968 |
| 哈尔滨<br>Harbin | 35 846 | 10 618 | 20 921 | 4307 |
| 深圳<br>Shenzhen | 274 348 | 83 905 | 123 086 | 67 357 |
| 青岛<br>Qingdao | 58 165 | 13 047 | 36 057 | 9061 |
| 宁波<br>Ningbo | 145 588 | 14 132 | 74 772 | 56 684 |
| 新疆建设兵团<br>Xinjiang Bingtuan | 2248 | 432 | 1694 | 122 |

## 表9 国外三种专利有效量（2015.12） （单位：件）
## Distribution of Patents in Force for Three Kinds Received from Abroad（2015.12）
（unit：piece）

| 国家和地区<br>Country and Region | 2015年 Year 2015 | | | |
|---|---|---|---|---|
| | 合计<br>Total | 发明<br>Invention | 实用新型<br>Utility Model | 外观设计<br>Design |
| 合计 Total | 685 269 | 550 617 | 31 721 | 102 931 |
| 安道尔 Andorra | 8 | 6 | 1 | 1 |
| 阿联酋 United Arab Emirates | 89 | 31 | 14 | 44 |
| 阿富汗 Afghanistan | 7 | | | 7 |
| 安提瓜和巴布达 Antigua and Barbuda | 7 | 4 | | 3 |
| 安圭拉 Anguilla | 1 | | | 1 |
| 亚美尼亚 Armenia | 1 | | | 1 |
| 荷属安的列斯群岛 Netherlands Antilles | 89 | 88 | 1 | |
| 安哥拉 Angola | 1 | | | 1 |
| 阿根廷 Argentina | 30 | 23 | 3 | 4 |
| 美属萨摩亚 American Samoa | 4 | 1 | 2 | 1 |
| 奥地利 Austria | 3432 | 2769 | 179 | 484 |
| 澳大利亚 Australia | 3907 | 2361 | 244 | 1302 |
| 阿塞拜疆 Azerbaijan | 2 | 2 | | |
| 波斯尼亚和黑赛哥维那 Bosnia and Herzegovina | 1 | 1 | | |
| 巴巴多斯 Barbados | 512 | 447 | 2 | 63 |

(续表 cont'd)

| 国家和地区<br>Country and Region | 2015年<br>Year 2015 | | | |
|---|---|---|---|---|
| | 合计<br>Total | 发明<br>Invention | 实用新型<br>Utility Model | 外观设计<br>Design |
| 孟加拉国 Bangladesh | 2 | | 1 | 1 |
| 比利时 Belgium | 3318 | 2806 | 89 | 423 |
| 保加利亚 Bulgaria | 25 | 17 | 3 | 5 |
| 巴林 Bahrain | 3 | 3 | | |
| 贝宁 Benin | 1 | | | 1 |
| 百慕大群岛 Bermuda | 460 | 308 | 65 | 87 |
| 文莱 Brunei | 46 | 24 | 14 | 8 |
| 巴西 Brazil | 742 | 391 | 56 | 295 |
| 巴哈马 Bahamas | 120 | 98 | 3 | 19 |
| 伯利兹 Belize | 45 | 4 | 31 | 10 |
| 加拿大 Canada | 5595 | 4425 | 221 | 949 |
| 刚果民主共和国 Democratic Republic of the Congo | 6 | | | 6 |
| 瑞士 Switzerland | 19 314 | 14 708 | 937 | 3669 |
| 库克群岛 Cook Islands | 23 | 5 | 1 | 17 |
| 智利 Chile | 52 | 48 | 2 | 2 |
| 喀麦隆 Cameroon | 1 | 1 | | |
| 哥伦比亚 Colombia | 23 | 17 | 2 | 4 |
| 哥斯达黎加 Costa Rica | 1 | | | 1 |

(续表 cont'd)

# I 专利

## 一、专利申请受理与授权状况

(续表 cont'd)

| 国家和地区<br>Country and Region | 2015年<br>Year 2015 | | | |
|---|---|---|---|---|
| | 合计<br>Total | 发明<br>Invention | 实用新型<br>Utility Model | 外观设计<br>Design |
| 古巴 Cuba | 72 | 72 | | |
| 库拉索 Curacao | 1 | 1 | | |
| 塞浦路斯 Cyprus | 83 | 59 | 7 | 17 |
| 捷克 Czech | 510 | 111 | 52 | 347 |
| 德国 Germany | 66 854 | 52 764 | 3231 | 10 859 |
| 丹麦 Denmark | 4383 | 3297 | 128 | 958 |
| 多米尼加 Dominican | 2 | 2 | | |
| 阿尔及利亚 Algeria | 3 | 1 | | 2 |
| 厄瓜多尔 Ecuador | 7 | 3 | | 4 |
| 爱沙尼亚 Estonia | 26 | 15 | 1 | 10 |
| 埃及 Egypt | 9 | 4 | | 5 |
| 西班牙 Spain | 1934 | 1038 | 97 | 799 |
| 埃塞俄比亚 Ethiopia | 2 | | 1 | 1 |
| 芬兰 Finland | 6602 | 5462 | 308 | 832 |
| 法国 France | 25 440 | 20 237 | 1105 | 4098 |
| 英国 U.K. | 10 892 | 7755 | 468 | 2669 |
| 格鲁吉亚 Georgia | 1 | 1 | | |
| 直布罗陀 Gibraltar | 21 | 17 | 1 | 3 |

(续表 cont'd)

| 国家和地区<br>Country and Region | 2015年<br>Year 2015 | | | |
|---|---|---|---|---|
| | 合计<br>Total | 发明<br>Invention | 实用新型<br>Utility Model | 外观设计<br>Design |
| 希腊 Greece | 115 | 72 | 1 | 42 |
| 危地马拉 Guatemala | 1 | | | 1 |
| 克罗地亚 Croatia | 8 | 7 | 1 | |
| 匈牙利 Hungary | 166 | 140 | 8 | 18 |
| 印度尼西亚 Indonesia | 60 | 17 | 7 | 36 |
| 爱尔兰 Ireland | 929 | 829 | 30 | 70 |
| 以色列 Israel | 2025 | 1501 | 184 | 340 |
| 马恩岛 Isle of Man | 1 | 1 | | |
| 印度 India | 865 | 720 | 31 | 114 |
| 伊拉克 Iraq | 6 | | 3 | 3 |
| 伊朗 Iran | 20 | 3 | 2 | 15 |
| 冰岛 Iceland | 101 | 100 | | 1 |
| 意大利 Italy | 10 354 | 6678 | 341 | 3335 |
| 泽西岛 Jersey Island | 3 | 3 | | |
| 约旦 Jordan | 3 | | | 3 |
| 日本 Japan | 267 493 | 221 854 | 12 195 | 33 444 |
| 肯尼亚 Kenya | 1 | 1 | | |
| 吉尔吉斯斯坦 Kyrgyzstan | 1 | 1 | | |

# I 专利

## 一、专利申请受理与授权状况

（续表 cont'd）

| 国家和地区<br>Country and Region | 2015年 Year 2015 | | | |
|---|---|---|---|---|
| | 合计<br>Total | 发明<br>Invention | 实用新型<br>Utility Model | 外观设计<br>Design |
| 圣基茨和尼维斯 Saint Kitts and Nevis | 3 | 2 | 1 | |
| 朝鲜 D.P.R.K. | 4 | 2 | 2 | |
| 韩国 Korea | 54 535 | 42 312 | 1514 | 10 709 |
| 科威特 Kuwait | 3 | 2 | | 1 |
| 开曼群岛 Cayman Islands | 2499 | 1538 | 271 | 690 |
| 哈萨克斯坦 Kazakhstan | 14 | 10 | 4 | |
| 黎巴嫩 Lebanon | 10 | 3 | 2 | 5 |
| 圣卢西亚 Saint Lucia | 2 | 2 | | |
| 列支敦士登 Liechtenstein | 584 | 400 | 2 | 182 |
| 斯里兰卡 Sri Lanka | 5 | 4 | | 1 |
| 立陶宛 Lithuania | 12 | 3 | 2 | 7 |
| 卢森堡 Luxembourg | 1483 | 1110 | 79 | 294 |
| 拉脱维亚 Latvia | 29 | 21 | 2 | 6 |
| 摩洛哥 Morocco | 44 | 8 | | 36 |
| 摩纳哥 Monaco | 46 | 39 | 1 | 6 |
| 摩尔多瓦 Moldova | 1 | | | 1 |
| 马达加斯加 Madagascar | 2 | 2 | | |
| 马绍尔群岛 Marshall Islands | 3 | 1 | 2 | |

(续表 cont'd)

| 国家和地区<br>Country and Region | 2015年<br>Year 2015 | | | |
|---|---|---|---|---|
| | 合计<br>Total | 发明<br>Invention | 实用新型<br>Utility Model | 外观设计<br>Design |
| 马里 Mali | 8 | 2 | 2 | 4 |
| 缅甸 Myanmar | 4 | | | 4 |
| 蒙古 Mongolia | 1 | 1 | | |
| 马耳他 Malta | 65 | 61 | 1 | 3 |
| 毛里求斯 Mauritius | 132 | 114 | 3 | 15 |
| 墨西哥 Mexican | 343 | 225 | 5 | 113 |
| 马来西亚 Malaysia | 638 | 264 | 83 | 291 |
| 尼日利亚 Nigeria | 4 | | | 4 |
| 荷兰 Netherlands | 17 046 | 14 602 | 342 | 2102 |
| 挪威 Norway | 1283 | 1081 | 29 | 173 |
| 尼泊尔 Nepal | 3 | | 2 | 1 |
| 新西兰 New Zealand | 594 | 371 | 34 | 189 |
| 阿曼 Oman | | | | |
| 巴拿马 Panama | 172 | 142 | 3 | 27 |
| 秘鲁 Peru | 4 | 2 | 2 | |
| 巴布亚新几内亚 Papua New Guinea | 1 | | | 1 |
| 菲律宾 Philippines | 74 | 56 | 3 | 15 |
| 巴基斯坦 Pakistan | 8 | 2 | 2 | 4 |

# I 专利

## 一、专利申请受理与授权状况

(续表 cont'd)

| 国家和地区<br>Country and Region | 2015年 Year 2015 | | | |
|---|---|---|---|---|
| | 合计<br>Total | 发明<br>Invention | 实用新型<br>Utility Model | 外观设计<br>Design |
| 波兰 Poland | 218 | 118 | 11 | 89 |
| 波多黎各 Puerto Rico | 6 | 3 | 1 | 2 |
| 葡萄牙 Portugal | 111 | 77 | 1 | 33 |
| 卡塔尔 Qatar | 6 | 2 | | 4 |
| 罗马尼亚 Romania | 4 | 2 | 2 | |
| 塞尔维亚 Serbia | 3 | 3 | | |
| 俄罗斯 Russia | 662 | 394 | 129 | 139 |
| 沙特阿拉伯 Saudi Arabia | 357 | 186 | 6 | 165 |
| 塞舌尔 Seychelles | 100 | 42 | 30 | 28 |
| 瑞典 Sweden | 11 583 | 9597 | 313 | 1673 |
| 新加坡 Singapore | 2370 | 1579 | 223 | 568 |
| 斯洛文尼亚 Slovenia | 116 | 100 | 1 | 15 |
| 斯洛伐克 Slovakia | 32 | 16 | 1 | 15 |
| 圣马力诺 San Marino | 1 | 1 | | |
| 萨尔瓦多 El Salvador | 2 | 2 | | |
| 叙利亚 Syria | 2 | | 1 | 1 |
| 特克斯和凯科斯群岛 Turks and Caicos Islands | 1 | | | 1 |
| 泰国 Thailand | 218 | 58 | 26 | 134 |

(续表 cont'd)

| 国家和地区<br>Country and Region | 2015年<br>Year 2015 | | | |
|---|---|---|---|---|
| | 合计<br>Total | 发明<br>Invention | 实用新型<br>Utility Model | 外观设计<br>Design |
| 突尼斯<br>Tunisia | 1 | 1 | | |
| 土耳其<br>Turkey | 505 | 228 | 45 | 232 |
| 特立尼达和多巴哥<br>Trinidad and Tobago | 3 | 3 | | |
| 坦桑尼亚<br>Tanzania | 2 | | 1 | 1 |
| 乌克兰<br>Ukraine | 43 | 22 | 13 | 8 |
| 美国<br>U.S.A. | 149 545 | 122 829 | 7968 | 18 748 |
| 乌拉圭<br>Uruguay | 6 | 6 | | |
| 乌兹别克斯坦<br>Uzbekistan | 3 | 3 | | |
| 圣文森特和格林纳丁斯<br>St.Vincent and the Grenadines | 25 | 25 | | |
| 委内瑞拉<br>Venezuela | 25 | 24 | | 1 |
| 英属维尔京群岛<br>British Virgin Islands | 1964 | 959 | 363 | 642 |
| 越南<br>Viet Nam | 27 | 7 | 2 | 18 |
| 萨摩亚<br>Samoa | 323 | 186 | 102 | 35 |
| 也门<br>Yemen | 1 | | | 1 |
| 南斯拉夫<br>Yugoslavia | 2 | 2 | | |
| 南非<br>South Africa | 480 | 406 | 14 | 60 |
| 赞比亚<br>Zambia | 1 | | 1 | |

### 表10 国际申请业务进展统计表（1985.4~2015.12） （单位：件）
### Statistics of PCT International Applications（1985.4-2015.12）（unit：piece）

| 项目<br>Item | 总累计<br>Accumulated Number | 2015年<br>Year 2015 |
|---|---|---|
| 收到国际申请<br>International Applications Received | 163 113 | 30 548 |
| 进入中国国内阶段的国际申请（发明）<br>International Applications Entering Chinese National Phase（Invention） | 843 788 | 81 867 |
| 进入中国国内阶段的国际申请（实用新型）<br>International Applications Entering Chinese National Phase（Utility Model） | 4591 | 1098 |

# 二、专利行政执法

表11 2015年各地区管理专利工作的部门专利执法统计表　　（单位：件）

Statistics of Patent Enforcement of the Administrative Authorities for Patent Affairs in 2015　　（unit：piece）

| 地区<br>Region | 类别 Type<br>时间 Year | 侵权纠纷 Infringement Dispute | | 其他纠纷 Other Dispute | | 查处假冒专利案件<br>Punishment of Counterfeit Patent Case |
|---|---|---|---|---|---|---|
| | | 立案 Entertained | 结案 Closed | 立案 Entertained | 结案 Closed | 结案 Closed |
| 合计 Total | 总累计 Accumulated | 46 916 | 41 287 | 3950 | 3389 | 72 079 |
| | 2015 | 14 202 | 14 040 | 405 | 377 | 21 237 |
| 北京 Beijing | 总累计 Accumulated | 787 | 658 | 225 | 221 | 1170 |
| | 2015 | 126 | 107 | 1 | 0 | 551 |
| 天津 Tianjin | 总累计 Accumulated | 329 | 302 | 36 | 33 | 1211 |
| | 2015 | 99 | 98 | 1 | 0 | 333 |
| 河北 Hebei | 总累计 Accumulated | 1066 | 931 | 142 | 147 | 1553 |
| | 2015 | 275 | 246 | 27 | 27 | 338 |
| 山西 Shanxi | 总累计 Accumulated | 116 | 82 | 52 | 38 | 123 |
| | 2015 | 7 | 1 | 1 | 0 | 34 |
| 内蒙古 Inner Mongolia | 总累计 Accumulated | 146 | 133 | 11 | 11 | 1829 |
| | 2015 | 9 | 9 | 0 | 0 | 377 |
| 辽宁 Liaoning | 总累计 Accumulated | 462 | 439 | 230 | 197 | 1721 |
| | 2015 | 46 | 42 | 33 | 33 | 404 |
| 吉林 Jilin | 总累计 Accumulated | 297 | 287 | 60 | 52 | 266 |
| | 2015 | 40 | 43 | 2 | 2 | 36 |
| 黑龙江 Heilongjiang | 总累计 Accumulated | 670 | 618 | 309 | 278 | 776 |
| | 2015 | 173 | 169 | 90 | 83 | 226 |
| 上海 Shanghai | 总累计 Accumulated | 929 | 871 | 79 | 79 | 318 |
| | 2015 | 152 | 129 | 8 | 7 | 42 |

# I 专利

## 二、专利行政执法

(续表 cont'd)

| 地区<br>Region | 类别 时间<br>Type Year | 侵权纠纷<br>Infringement Dispute ||  其他纠纷<br>Other Dispute || 查处假冒专利案件<br>Punishment of Counterfeit Patent Case |
|---|---|---|---|---|---|---|
| | | 立案<br>Entertained | 结案<br>Closed | 立案<br>Entertained | 结案<br>Closed | 结案<br>Closed |
| 江苏<br>Jiangsu | 总累计 Accumulated | 2755 | 2262 | 336 | 325 | 11 651 |
| | 2015 | 700 | 689 | 29 | 29 | 4189 |
| 浙江<br>Zhejiang | 总累计 Accumulated | 13 675 | 13 293 | 538 | 466 | 1459 |
| | 2015 | 7981 | 7976 | 0 | 0 | 603 |
| 安徽<br>Anhui | 总累计 Accumulated | 717 | 557 | 38 | 30 | 1623 |
| | 2015 | 147 | 136 | 7 | 8 | 347 |
| 福建<br>Fujian | 总累计 Accumulated | 896 | 713 | 56 | 55 | 2709 |
| | 2015 | 160 | 171 | 13 | 12 | 1096 |
| 江西<br>Jiangxi | 总累计 Accumulated | 556 | 400 | 40 | 27 | 1337 |
| | 2015 | 115 | 112 | 0 | 0 | 351 |
| 山东<br>Shandong | 总累计 Accumulated | 3168 | 2613 | 200 | 191 | 10 903 |
| | 2015 | 343 | 317 | 8 | 8 | 2396 |
| 河南<br>Henan | 总累计 Accumulated | 2085 | 1 491 | 163 | 110 | 3478 |
| | 2015 | 202 | 157 | 24 | 20 | 1 222 |
| 湖北<br>Hubei | 总累计 Accumulated | 1283 | 1015 | 232 | 178 | 3390 |
| | 2015 | 99 | 56 | 1 | 0 | 1309 |
| 湖南<br>Hunan | 总累计 Accumulated | 1388 | 1094 | 437 | 397 | 10 282 |
| | 2015 | 225 | 172 | 134 | 124 | 2756 |
| 广东<br>Guangdong | 总累计 Accumulated | 10 592 | 9324 | 216 | 189 | 3792 |
| | 2015 | 2490 | 2625 | 2 | 1 | 722 |
| 广西<br>Guangxi | 总累计 Accumulated | 201 | 169 | 55 | 38 | 762 |
| | 2015 | 27 | 21 | 0 | 0 | 415 |
| 海南<br>Hainan | 总累计 Accumulated | 96 | 89 | 12 | 10 | 292 |
| | 2015 | 1 | 2 | 3 | 2 | 28 |

# 中国知识产权统计年报2015
## China Intellectual Property Statistical Yearbook 2015

(续表 cont'd)

| 地区 Region | 类别 时间 Type Year | 侵权纠纷 Infringement Dispute ||  其他纠纷 Other Dispute || 查处假冒专利案件 Punishment of Counterfeit Patent Case |
|---|---|---|---|---|---|---|
| | | 立案 Entertained | 结案 Closed | 立案 Entertained | 结案 Closed | 结案 Closed |
| 重庆 Chongqing | 总累计 Accumulated | 545 | 504 | 151 | 43 | 454 |
| | 2015 | 149 | 146 | 0 | 0 | 210 |
| 四川 Sichuan | 总累计 Accumulated | 1345 | 1212 | 159 | 134 | 2440 |
| | 2015 | 222 | 221 | 16 | 16 | 658 |
| 贵州 Guizhou | 总累计 Accumulated | 255 | 200 | 25 | 21 | 3155 |
| | 2015 | 46 | 50 | 0 | 0 | 1300 |
| 云南 Yunnan | 总累计 Accumulated | 368 | 304 | 29 | 22 | 784 |
| | 2015 | 64 | 59 | 0 | 0 | 98 |
| 西藏 Tibet | 总累计 Accumulated | 11 | 9 | 0 | 0 | 10 |
| | 2015 | 0 | 0 | 0 | 0 | 0 |
| 陕西 Shaanxi | 总累计 Accumulated | 500 | 369 | 37 | 33 | 1972 |
| | 2015 | 96 | 89 | 5 | 5 | 473 |
| 甘肃 Gansu | 总累计 Accumulated | 312 | 218 | 25 | 18 | 660 |
| | 2015 | 47 | 55 | 0 | 0 | 293 |
| 青海 Qinghai | 总累计 Accumulated | 36 | 26 | 9 | 10 | 67 |
| | 2015 | 6 | 0 | 0 | 0 | 2 |
| 宁夏 Ningxia | 总累计 Accumulated | 208 | 193 | 27 | 18 | 150 |
| | 2015 | 25 | 25 | 0 | 0 | 28 |
| 新疆 Xinjiang | 总累计 Accumulated | 1122 | 911 | 21 | 18 | 1742 |
| | 2015 | 130 | 117 | 0 | 0 | 400 |

## 三、中国专利金奖

**表12 中国专利金奖分布统计表** （单位：件）
**Statistics of Distribution of China Patent Gold Awards（unit：piece）**

| 地区<br>Region | 合计<br>Total | 第十七届<br>the 17th |
|---|---|---|
| 合计 Total | 252 | 20 |
| 北京 Beijing | 65 | 4 |
| 天津 Tianjin | 6 | 1 |
| 河北 Hebei | 5 | 2 |
| 辽宁 Liaoning | 11 | 1 |
| 吉林 Jilin | 2 | 0 |
| 黑龙江 Heilongjiang | 3 | 0 |
| 上海 Shanghai | 16 | 0 |
| 江苏 Jiangsu | 17 | 1 |
| 浙江 Zhejiang | 7 | 1 |
| 安徽 Anhui | 6 | 0 |
| 福建 Fujian | 2 | 0 |
| 江西 Jiangxi | 1 | 0 |
| 山东 Shandong | 15 | 3 |

(续表 cont'd)

| 地区<br>Region | 合计<br>Total | 第十七届<br>the 17th |
|---|---|---|
| 河南<br>Henan | 7 | 0 |
| 湖北<br>Hubei | 8 | 2 |
| 湖南<br>Hunan | 10 | 1 |
| 广东<br>Guangdong | 36 | 4 |
| 广西<br>Guangxi | 1 | 0 |
| 海南<br>Hainan | 4 | 0 |
| 重庆<br>Chongqing | 5 | 0 |
| 四川<br>Sichuan | 5 | 0 |
| 贵州<br>Guizhou | 2 | 0 |
| 云南<br>Yunnan | 3 | 0 |
| 陕西<br>Shaanxi | 12 | 0 |
| 甘肃<br>Gansu | 1 | 0 |
| 青海<br>Qinghai | 1 | 0 |
| 宁夏<br>Ningxia | 1 | 0 |

（本统计数据由国家知识产权局规划发展司提供）

# Ⅱ 商 标

# 一、商标申请与注册

### 表1　2015年度商标申请与注册概况表　　　（单位：件）
### Statistics of Trademark Applications and Registrations in 2015　　（unit：piece）

| 项目<br>Item | 国内<br>Domestic | 国际<br>International | 马德里<br>Madrid | 合计<br>Total |
|---|---|---|---|---|
| 注册申请<br>Applications Filed for Registration | 2 699 156 | 116 687 | 60 205 | 2 876 048 |
| 异议申请<br>Applications Filed for Opposition | 31 196 | 27 669 | 257 | 59 122 |
| 续展申请<br>Applications Filed for Renewal | 102 766 | 17 514 | 9596 | 129 876 |
| 变更申请<br>Modification Applications | 170 066 | 31 665 | 9290 | 211 021 |
| 转让申请<br>Assignment Applications | 130 384 | 6694 | 5523 | 142 601 |
| 注销申请<br>Annulment Applications | 7953 | | 9268 | 38 378 |
| 撤销申请<br>Cancellation Applications | 21 157 | | | |
| 许可备案申请<br>Applications for Record of License | | 17 173 | | 17 173 |
| 注册商标<br>Registrations Approved | 2 077 037 | 99 852 | 49 552 | 2 226 441 |
| 审定商标<br>Trademarks Preliminarily Approved | 1 431 744 | | 23 572 | 1 455 316 |
| 核驳商标<br>Trademarks Refused | 436 227 | | 33 550 | 883 650 |
| 部分核驳商标<br>Trademarks Partly Refused | 413 873 | | | |
| 异议裁定量<br>Dissent Ruling | | 63 720 | | 63 720 |
| 变更注册商标<br>Registered Trademarks Modified | 172 300 | | 3902 | 176 202 |

(续表 cont'd)

| 项目<br>Item | 国内<br>Domestic | 国际<br>International | 马德里<br>Madrid | 合计<br>Total |
|---|---|---|---|---|
| 转让注册商标<br>Registered Trademarks Assigned | 127 241 | | 3733 | 130 974 |
| 续展注册商标<br>Registered Trademarks Renewed | 124 332 | | 11 121 | 135 453 |
| 注销注册商标<br>Registered Trademarks Annulled | 8103 | | 9846 | 39 786 |
| 撤销注册商标<br>Registered Trademarks Cancelled | 21 837 | | | |
| 许可合同备案办理<br>Recordal of License Contract Handled | 25 682 | | | 25 682 |
| 补发商标注册证<br>Replacement of Registration Certificates | 18 969 | | | 18 969 |

续表 cont'd

## II 商标

一、商标申请与注册

表2 2015年度各省、自治区、直辖市商标申请与注册统计表 （单位：件）
Statistics of Domestic Trademark Applications and Registrations in 2015
（by Province / Autonomous Region/Municipality） （unit：piece）

| 省、自治区、直辖市<br>P / M / R / S | 申请件数<br>Applications | 注册件数<br>Registrations | 有效注册量<br>Registrations Effected |
|---|---|---|---|
| 北京 Beijing | 302 456 | 164 964 | 692 204 |
| 天津 Tianjin | 28 289 | 25 896 | 113 580 |
| 河北 Hebei | 66 580 | 56 160 | 240 212 |
| 山西 Shanxi | 19 380 | 18 117 | 77 018 |
| 内蒙古 Inner Mongolia | 20 811 | 17 074 | 80 139 |
| 辽宁 Liaoning | 45 481 | 35 367 | 179 505 |
| 吉林 Jilin | 24 637 | 18 308 | 86 541 |
| 黑龙江 Heilongjiang | 31 094 | 23 262 | 113 609 |
| 上海 Shanghai | 207 394 | 131 545 | 548 362 |
| 江苏 Jiangsu | 155 670 | 127 553 | 632 187 |
| 浙江 Zhejiang | 231 125 | 210 905 | 1 149 703 |
| 安徽 Anhui | 60 054 | 48 570 | 194 580 |
| 福建 Fujian | 123 930 | 107 259 | 523 514 |
| 江西 Jiangxi | 38 971 | 32 036 | 133 264 |
| 山东 Shandong | 132 613 | 109 015 | 493 139 |
| 河南 Henan | 89 253 | 70 922 | 285 721 |
| 湖北 Hubei | 59 331 | 45 516 | 194 035 |

(续表 cont'd)

| 省、自治区、直辖市<br>P/M/R/S | 申请件数<br>Applications | 注册件数<br>Registrations | 有效注册量<br>Registrations Effected |
|---|---|---|---|
| 湖南 Hunan | 63 638 | 51 095 | 208 992 |
| 广东 Guangdong | 512 877 | 395 539 | 1 659 477 |
| 广西 Guangxi | 25 338 | 18 864 | 84 887 |
| 海南 Hainan | 10 343 | 10 505 | 42 103 |
| 重庆 Chongqing | 54 040 | 51 577 | 197 361 |
| 四川 Sichuan | 94 289 | 75 105 | 324 045 |
| 贵州 Guizhou | 22 846 | 19 352 | 72 482 |
| 云南 Yunnan | 46 850 | 33 271 | 137 285 |
| 西藏 Tibet | 3469 | 1769 | 6217 |
| 陕西 Shaanxi | 45 857 | 43 672 | 169 201 |
| 甘肃 Gansu | 10 112 | 8145 | 34 442 |
| 青海 Qinghai | 4091 | 3362 | 15 374 |
| 宁夏 Ningxia | 7443 | 4678 | 19 908 |
| 新疆 Xinjiang | 25 305 | 17 949 | 82 610 |
| 香港 Hong Kong | 73 756 | 80 713 | 279 920 |
| 澳门 Macao | 1050 | 612 | 3510 |
| 台湾 Taiwan | 20 301 | 18 360 | 128 888 |
| 合计 Total | 2 658 674 | 2 077 037 | 9 204 015 |

注：1.由于不予受理件未电子化，以上各省数据的申请量不含不予受理量。
　　2.申请件数、注册件数指2014.12.16至2015.12.15的商标统计情况，其他指截至2015.12.15的统计情况。

## 表3 2015年度外国（地区）在华商标申请统计表 （单位：件）
### Statistics of Foreign (Region) Trademark Applications in China in 2015 (unit: piece)

| 外国（地区）<br>Foreign (Region) | 外国（地区）申请件数<br>Foreign (Region) Applications | 马德里申请件数<br>Madrid Applications | 合计<br>Total |
|---|---|---|---|
| 阿尔巴尼亚 Albania | 0 | 4 | 4 |
| 阿尔及利亚 Algeria | 12 | 0 | 12 |
| 阿富汗 Afghanistan | 13 | 0 | 13 |
| 阿根廷 Argentina | 125 | 5 | 130 |
| 阿联酋 United Arab Emirates | 409 | 42 | 451 |
| 阿曼 Oman | 13 | 0 | 13 |
| 阿塞拜疆 Azerbaijan | 20 | 7 | 27 |
| 埃及 Egypt | 97 | 17 | 114 |
| 埃塞俄比亚 Ethiopia | 1 | 0 | 1 |
| 爱尔兰 Ireland | 336 | 196 | 532 |
| 爱沙尼亚 Estonia | 19 | 25 | 44 |
| 安道尔 Andorra | 6 | 0 | 6 |
| 安哥拉 Angola | 4 | 0 | 4 |
| 奥地利 Austria | 295 | 987 | 1282 |
| 澳大利亚 Australia | 3205 | 2304 | 5509 |
| 巴巴多斯 Barbados | 126 | 5 | 131 |
| 巴布亚新几内亚 Papua New Guinea | 5 | 0 | 5 |

(续表 cont'd)

| 外国（地区）<br>Foreign (Region) | 外国（地区）申请件数<br>Foreign (Region) Applications | 马德里申请件数<br>Madrid Applications | 合计<br>Total |
| --- | --- | --- | --- |
| 巴哈马 Bahamas | 95 | 14 | 109 |
| 巴基斯坦 Pakistan | 77 | 0 | 77 |
| 巴拉圭 Paraguay | 2 | 0 | 2 |
| 巴勒斯坦 Palestine | 1 | 0 | 1 |
| 巴林 Bahrain | 22 | 1 | 23 |
| 巴拿马 Panama | 66 | 9 | 75 |
| 巴西 Brazil | 626 | 3 | 629 |
| 白俄罗斯 Belarus | 16 | 62 | 78 |
| 百慕大群岛 Bermuda | 176 | 16 | 192 |
| 保加利亚 Bulgaria | 63 | 173 | 236 |
| 贝宁 Benin | 3 | 0 | 3 |
| 比利时 Belgium | 351 | 937 | 1288 |
| 冰岛 Iceland | 22 | 63 | 85 |
| 波兰 Poland | 305 | 532 | 837 |
| 玻利维亚 Bolivia | 16 | 0 | 16 |
| 伯利兹 Belize | 74 | 24 | 98 |
| 博茨瓦纳 Botswana | 1 | 0 | 1 |
| 不丹 Bhutan | 1 | 0 | 1 |

# II 商标

## 一、商标申请与注册

（续表 cont'd）

| 外国（地区）<br>Foreign (Region) | 外国（地区）申请件数<br>Foreign (Region) Applications | 马德里申请件数<br>Madrid Applications | 合计<br>Total |
|---|---|---|---|
| 朝鲜 D.P.R.K. | 8 | 6 | 14 |
| 丹麦 Denmark | 999 | 700 | 1699 |
| 德国 Germany | 5175 | 10 209 | 15 384 |
| 多哥 Togo | 1 | 0 | 1 |
| 多米尼加 Dominican | 24 | 0 | 24 |
| 多米尼克 Dominica | 0 | 1 | 1 |
| 俄罗斯 Russia | 466 | 1170 | 1636 |
| 厄瓜多尔 Ecuador | 24 | 0 | 24 |
| 法国 France | 3500 | 6014 | 9514 |
| 菲律宾 Philippines | 285 | 24 | 309 |
| 斐济 Fiji | 3 | 0 | 3 |
| 芬兰 Finland | 580 | 1413 | 1993 |
| 冈比亚 Gambia | 3 | 0 | 3 |
| 刚果民主共和国 Democratic Republic of the Congo | 10 | 0 | 10 |
| 哥伦比亚 Colombia | 84 | 3 | 87 |
| 哥斯达黎加 Costa Rica | 12 | 0 | 12 |
| 格鲁吉亚 Georgia | 9 | 16 | 25 |
| 英属根西岛 Guernsey | 30 | 4 | 34 |
| 古巴 Cuba | 37 | 0 | 37 |

(续表 cont'd)

| 外国（地区）<br>Foreign (Region) | 外国（地区）申请件数<br>Foreign (Region) Applications | 马德里申请件数<br>Madrid Applications | 合计<br>Total |
|---|---|---|---|
| 圭亚那<br>Guyana | 12 | 0 | 12 |
| 哈萨克斯坦<br>Kazakhstan | 14 | 31 | 45 |
| 海地<br>Haiti | 27 | 0 | 27 |
| 韩国<br>Korea | 16 909 | 1031 | 17 940 |
| 荷兰<br>Netherlands | 1349 | 1931 | 3280 |
| 荷属安的列斯群岛<br>Netherlands Antilles | 9 | 0 | 9 |
| 黑山<br>Montenegro | 0 | 8 | 8 |
| 洪都拉斯<br>Honduras | 1 | 0 | 1 |
| 吉布提<br>Djibouti | 2 | 0 | 2 |
| 吉尔吉斯斯坦<br>Kyrgyzstan | 4 | 1 | 5 |
| 几内亚<br>Guinea | 5 | 9 | 14 |
| 加拿大<br>Canada | 2450 | 58 | 2508 |
| 加纳<br>Ghana | 6 | 0 | 6 |
| 柬埔寨<br>Cambodia | 64 | 3 | 67 |
| 捷克<br>Czech | 107 | 295 | 402 |
| 喀麦隆<br>Cameroon | 4 | 10 | 14 |
| 卡塔尔<br>Qatar | 71 | 0 | 71 |
| 开曼群岛<br>Cayman Islands | 4810 | 8 | 4818 |
| 科特迪瓦<br>Ivory Coast | 3 | 0 | 3 |

(续表 cont'd)

## II 商标

### 一、商标申请与注册

(续表 cont'd)

| 外国（地区）<br>Foreign（Region） | 外国（地区）申请件数<br>Foreign（Region）Applications | 马德里申请件数<br>Madrid Applications | 合计<br>Total |
|---|---|---|---|
| 科威特 Kuwait | 42 | 0 | 42 |
| 克罗地亚 Croatia | 9 | 20 | 29 |
| 肯尼亚 Kenya | 39 | 8 | 47 |
| 库克群岛 Cook Islands | 6 | 0 | 6 |
| 库拉索 Curacao | 3 | 29 | 32 |
| 拉脱维亚 Latvia | 33 | 73 | 106 |
| 老挝 Laos | 8 | 0 | 8 |
| 黎巴嫩 Lebanon | 59 | 7 | 66 |
| 立陶宛 Lithuania | 3 | 24 | 27 |
| 利比亚 Libya | 4 | 0 | 4 |
| 列支敦士登 Liechtenstein | 361 | 131 | 492 |
| 卢森堡 Luxembourg | 604 | 775 | 1379 |
| 卢旺达 Rwanda | 0 | 1 | 1 |
| 罗马尼亚 Romania | 27 | 53 | 80 |
| 马达加斯加 Madagascar | 1 | 1 | 2 |
| 马恩岛 Isle of Man | 146 | 0 | 146 |
| 马尔代夫 Maldives | 1 | 0 | 1 |
| 马耳他 Malta | 168 | 120 | 288 |
| 马来西亚 Malaysia | 1167 | 12 | 1179 |

(续表 cont'd)

| 外国（地区）<br>Foreign (Region) | 外国（地区）申请件数<br>Foreign (Region) Applications | 马德里申请件数<br>Madrid Applications | 合计<br>Total |
|---|---|---|---|
| 马里<br>Mali | 16 | 0 | 16 |
| 马其顿<br>Macedonia | 0 | 12 | 12 |
| 马绍尔群岛<br>Marshall Islands | 202 | 0 | 202 |
| 毛里求斯<br>Mauritius | 40 | 0 | 40 |
| 毛里塔尼亚<br>Mauritania | 2 | 0 | 2 |
| 美国<br>U.S.A. | 29 834 | 7043 | 36 877 |
| 蒙古<br>Mongolia | 5 | 0 | 5 |
| 孟加拉国<br>Bangladesh | 15 | 0 | 15 |
| 秘鲁<br>Peru | 54 | 0 | 54 |
| 缅甸<br>Myanmar | 101 | 0 | 101 |
| 摩尔多瓦<br>Moldova | 187 | 52 | 239 |
| 摩洛哥<br>Morocco | 21 | 42 | 63 |
| 摩纳哥<br>Monaco | 143 | 100 | 243 |
| 莫桑比克<br>Mozambique | 0 | 3 | 3 |
| 墨西哥<br>Mexican | 423 | 64 | 487 |
| 南非<br>South Africa | 208 | 0 | 208 |
| 尼泊尔<br>Nepal | 3 | 0 | 3 |
| 尼日尔<br>Niger | 1 | 0 | 1 |
| 尼日利亚<br>Nigeria | 26 | 0 | 26 |

(续表 cont'd)

## II 商标

### 一、商标申请与注册

(续表 cont'd)

| 外国（地区）<br>Foreign (Region) | 外国（地区）申请件数<br>Foreign (Region) Applications | 马德里申请件数<br>Madrid Applications | 合计<br>Total |
|---|---|---|---|
| 挪威 Norway | 121 | 406 | 527 |
| 葡萄牙 Portugal | 148 | 165 | 313 |
| 日本 Japan | 12 889 | 3514 | 16 403 |
| 瑞典 Sweden | 847 | 1140 | 1987 |
| 瑞士 Switzerland | 2027 | 4178 | 6205 |
| 萨尔瓦多 El Salvador | 2 | 0 | 2 |
| 萨摩亚 Samoa | 358 | 0 | 358 |
| 塞尔维亚 Serbia | 4 | 31 | 35 |
| 塞拉利昂 Sierra Leone | 2 | 0 | 2 |
| 塞浦路斯 Cyprus | 119 | 208 | 327 |
| 塞舌尔 Seychelles | 357 | 5 | 362 |
| 沙特阿拉伯 Saudi Arabia | 127 | 8 | 135 |
| 圣卢西亚 Saint Lucia | 4 | 3 | 7 |
| 圣马利诺 San Marino | 12 | 12 | 24 |
| 斯里兰卡 Sri Lanka | 36 | 0 | 36 |
| 斯洛伐克 Slovakia | 17 | 132 | 149 |
| 斯洛文尼亚 Slovenia | 10 | 70 | 80 |
| 苏丹 Sudan | 6 | 0 | 6 |
| 塔吉克斯坦 Tajikistan | 2 | 2 | 4 |

(续表 cont'd)

(续表 cont'd)

| 外国（地区）<br>Foreign (Region) | 外国（地区）申请件数<br>Foreign (Region) Applications | 马德里申请件数<br>Madrid Applications | 合计<br>Total |
|---|---|---|---|
| 泰国 Thailand | 1138 | 3 | 1141 |
| 坦桑尼亚 Tanzania | 23 | 0 | 23 |
| 特立尼达和多巴哥 Trinidad and Tobago | 47 | 3 | 50 |
| 突尼斯 Tunisia | 4 | 8 | 12 |
| 土耳其 Turkey | 208 | 830 | 1038 |
| 土库曼斯坦 Turkmenistan | 2 | 0 | 2 |
| 瓦努阿图 Vanuatu | 16 | 0 | 16 |
| 危地马拉 Guatemala | 1 | 0 | 1 |
| 委内瑞拉 Venezuela | 24 | 0 | 24 |
| 文莱 Brunei | 53 | 0 | 53 |
| 乌干达 Uganda | 1 | 0 | 1 |
| 乌克兰 Ukraine | 22 | 219 | 241 |
| 乌拉圭 Uruguay | 50 | 0 | 50 |
| 乌兹别克斯坦 Uzbekistan | 18 | 4 | 22 |
| 西班牙 Spain | 1206 | 1237 | 2443 |
| 希腊 Greece | 77 | 106 | 183 |
| 新加坡 Singapore | 2408 | 521 | 2929 |
| 新西兰 New Zealand | 992 | 409 | 1401 |
| 匈牙利 Hungary | 36 | 186 | 222 |

# II 商标

## 一、商标申请与注册

(续表 cont'd)

| 外国（地区）<br>Foreign (Region) | 外国（地区）申请件数<br>Foreign (Region) Applications | 马德里申请件数<br>Madrid Applications | 合计<br>Total |
|---|---|---|---|
| 叙利亚 Syria | 46 | 0 | 46 |
| 牙买加 Jamaica | 6 | 0 | 6 |
| 亚美尼亚 Armenia | 4 | 12 | 16 |
| 也门 Yemen | 55 | 0 | 55 |
| 伊拉克 Iraq | 111 | 0 | 111 |
| 伊朗 Iran | 196 | 91 | 287 |
| 以色列 Israel | 378 | 226 | 604 |
| 意大利 Italy | 2562 | 4698 | 7260 |
| 印度 India | 365 | 130 | 495 |
| 印度尼西亚 Indonesia | 349 | 4 | 353 |
| 英国 U.K. | 6804 | 4410 | 11 214 |
| 英属维尔京群岛 British Virgin Islands | 3940 | 198 | 4138 |
| 约旦 Jordan | 64 | 0 | 64 |
| 越南 Viet Nam | 206 | 78 | 284 |
| 赞比亚 Zambia | 10 | 0 | 10 |
| 泽西岛 Jersey Island | 17 | 12 | 29 |
| 乍得 Chad | 3 | 0 | 3 |
| 直布罗陀 Gibraltar | 32 | 3 | 35 |
| 智利 Chile | 463 | 2 | 465 |
| 合计 Total | 116 687 | 60 205 | 176 892 |

表4 2015年度外国（地区）在华商标注册统计表 （单位：件）
Statistics of Foreign (Region) Trademark Registrations in China in 2015 (unit: piece)

| 外国（地区）<br>Foreign (Region) | 外国（地区）注册件数<br>Foreign (Region) Registrations | 马德里注册件数<br>Madrid Registrations | 合计<br>Total |
| --- | --- | --- | --- |
| 阿尔巴尼亚 Albania | 0 | 3 | 3 |
| 阿尔及利亚 Algeria | 33 | 0 | 33 |
| 阿富汗 Afghanistan | 20 | 0 | 20 |
| 阿根廷 Argentina | 197 | 0 | 197 |
| 阿联酋 United Arab Emirates | 413 | 26 | 439 |
| 阿曼 Oman | 10 | 1 | 11 |
| 阿塞拜疆 Azerbaijan | 27 | 1 | 28 |
| 埃及 Egypt | 52 | 8 | 60 |
| 埃塞俄比亚 Ethiopia | 3 | 0 | 3 |
| 爱尔兰 Ireland | 268 | 133 | 401 |
| 爱沙尼亚 Estonia | 13 | 39 | 52 |
| 安道尔 Andorra | 2 | 1 | 3 |
| 安哥拉 Angola | 19 | 0 | 19 |
| 安圭拉 Anguilla | 195 | 0 | 195 |
| 奥地利 Austria | 342 | 842 | 1184 |
| 澳大利亚 Australia | 2291 | 1393 | 3684 |
| 巴巴多斯 Barbados | 48 | 2 | 50 |

## II 商标

### 一、商标申请与注册

(续表 cont'd)

| 外国（地区）<br>Foreign（Region） | 外国（地区）注册件数<br>Foreign（Region）Registrations | 马德里注册件数<br>Madrid Registrations | 合计<br>Total |
|---|---|---|---|
| 巴布亚新几内亚<br>Papua New Guinea | 2 | 0 | 2 |
| 巴哈马<br>Bahamas | 104 | 9 | 113 |
| 巴基斯坦<br>Pakistan | 46 | 4 | 50 |
| 巴拉圭<br>Paraguay | 5 | 0 | 5 |
| 巴勒斯坦<br>Palestine | 3 | 0 | 3 |
| 巴林<br>Bahrain | 5 | 0 | 5 |
| 巴拿马<br>Panama | 88 | 26 | 114 |
| 巴西<br>Brazil | 476 | 1 | 477 |
| 白俄罗斯<br>Belarus | 3 | 68 | 71 |
| 百慕大群岛<br>Bermuda | 173 | 23 | 196 |
| 保加利亚<br>Bulgaria | 27 | 152 | 179 |
| 贝宁<br>Benin | 1 | 0 | 1 |
| 比利时<br>Belgium | 252 | 763 | 1015 |
| 冰岛<br>Iceland | 19 | 56 | 75 |
| 波多黎各<br>Puerto Rico | 6 | 0 | 6 |
| 波黑<br>Bosnia and Herzegovina | 0 | 1 | 1 |
| 波兰<br>Poland | 188 | 365 | 553 |
| 玻利维亚<br>Bolivia | 5 | 0 | 5 |
| 伯利兹<br>Belize | 98 | 13 | 111 |

(续表 cont'd)

| 外国（地区）<br>Foreign (Region) | 外国（地区）注册件数<br>Foreign (Region) Registrations | 马德里注册件数<br>Madrid Registrations | 合计<br>Total |
|---|---|---|---|
| 布隆迪 Burundi | 2 | 5 | 7 |
| 朝鲜 D.P.R.K. | 3 | 1 | 4 |
| 丹麦 Denmark | 863 | 686 | 1549 |
| 德国 Germany | 4627 | 9005 | 13 632 |
| 多哥 Togo | 3 | 0 | 3 |
| 多米尼加 Dominican | 4 | 1 | 5 |
| 多米尼克 Dominica | 1 | 0 | 1 |
| 俄罗斯 Russia | 450 | 1561 | 2011 |
| 厄瓜多尔 Ecuador | 15 | 0 | 15 |
| 法国 France | 4252 | 5450 | 9702 |
| 菲律宾 Philippines | 104 | 13 | 117 |
| 芬兰 Finland | 343 | 913 | 1256 |
| 刚果民主共和国 Democratic Republic of the Congo | 2 | 0 | 2 |
| 哥伦比亚 Colombia | 115 | 4 | 119 |
| 哥斯达黎加 Costa Rica | 15 | 0 | 15 |
| 格鲁吉亚 Georgia | 1 | 9 | 10 |
| 英属根西岛 Guernsey | 5 | 0 | 5 |
| 古巴 Cuba | 7 | 3 | 10 |
| 哈萨克斯坦 Kazakhstan | 10 | 29 | 39 |

# II 商标

## 一、商标申请与注册

(续表 cont'd)

| 外国(地区)<br>Foreign (Region) | 外国(地区)注册件数<br>Foreign (Region) Registrations | 马德里注册件数<br>Madrid Registrations | 合计<br>Total |
|---|---|---|---|
| 韩国 Korea | 9033 | 799 | 9832 |
| 荷兰 Netherlands | 1401 | 1494 | 2895 |
| 荷属安的列斯群岛 Netherlands Antilles | 58 | 4 | 62 |
| 吉布提 Djibouti | 1 | 0 | 1 |
| 吉尔吉斯斯坦 Kyrgyzstan | 3 | 7 | 10 |
| 几内亚 Guinea | 2 | 0 | 2 |
| 加拿大 Canada | 1850 | 40 | 1890 |
| 加纳 Ghana | 3 | 0 | 3 |
| 柬埔寨 Cambodia | 8 | 0 | 8 |
| 捷克 Czech | 65 | 291 | 356 |
| 津巴布韦 Zimbabwe | 3 | 0 | 3 |
| 喀麦隆 Cameroon | 3 | 3 | 6 |
| 卡塔尔 Qatar | 58 | 0 | 58 |
| 开曼群岛 Cayman Islands | 3294 | 6 | 3300 |
| 科特迪瓦 Ivory Coast | 3 | 0 | 3 |
| 科威特 Kuwait | 68 | 0 | 68 |
| 克罗地亚 Croatia | 21 | 24 | 45 |
| 肯尼亚 Kenya | 4 | 0 | 4 |
| 库克群岛 Cook Islands | 28 | 0 | 28 |

(续表 cont'd)

| 外国（地区）<br>Foreign (Region) | 外国（地区）注册件数<br>Foreign (Region) Registrations | 马德里注册件数<br>Madrid Registrations | 合计<br>Total |
|---|---|---|---|
| 库拉索 Curacao | 3 | 20 | 23 |
| 拉脱维亚 Latvia | 10 | 51 | 61 |
| 黎巴嫩 Lebanon | 49 | 2 | 51 |
| 立陶宛 Lithuania | 5 | 24 | 29 |
| 利比里亚 Liberia | 2 | 0 | 2 |
| 利比亚 Libya | 7 | 0 | 7 |
| 列支敦士登 Liechtenstein | 67 | 135 | 202 |
| 卢森堡 Luxembourg | 356 | 642 | 998 |
| 罗马尼亚 Romania | 24 | 93 | 117 |
| 马达加斯加 Madagascar | 1 | 13 | 14 |
| 马恩岛 Isle of Man | 165 | 3 | 168 |
| 马耳他 Malta | 113 | 351 | 464 |
| 马拉维 Malawi | 1 | 0 | 1 |
| 马来西亚 Malaysia | 892 | 3 | 895 |
| 马里 Mali | 3 | 1 | 4 |
| 马绍尔群岛 Marshall Islands | 85 | 0 | 85 |
| 毛里求斯 Mauritius | 69 | 0 | 69 |
| 毛里塔尼亚 Mauritania | 1 | 0 | 1 |
| 美国 U.S.A. | 26 778 | 4003 | 30 781 |

## II 商标

### 一、商标申请与注册

(续表 cont'd)

| 外国（地区）<br>Foreign (Region) | 外国（地区）注册件数<br>Foreign (Region) Registrations | 马德里注册件数<br>Madrid Registrations | 合计<br>Total |
|---|---|---|---|
| 蒙古 Mongolia | 5 | 2 | 7 |
| 孟加拉国 Bangladesh | 21 | 0 | 21 |
| 秘鲁 Peru | 21 | 0 | 21 |
| 缅甸 Myanmar | 29 | 0 | 29 |
| 摩尔多瓦 Moldova | 0 | 4 | 4 |
| 摩洛哥 Morocco | 44 | 74 | 118 |
| 摩纳哥 Monaco | 99 | 194 | 293 |
| 莫桑比克 Mozambique | 0 | 3 | 3 |
| 墨西哥 Mexican | 368 | 10 | 378 |
| 纳米比亚 Namibia | 5 | 0 | 5 |
| 南非 South Africa | 302 | 0 | 302 |
| 尼泊尔 Nepal | 4 | 0 | 4 |
| 尼加拉瓜 Nicaragua | 4 | 0 | 4 |
| 尼日利亚 Nigeria | 40 | 0 | 40 |
| 挪威 Norway | 133 | 393 | 526 |
| 欧亚专利组织 Eurasian Patent Organization | 0 | 14 | 14 |
| 葡萄牙 Portugal | 150 | 255 | 405 |
| 日本 Japan | 13 327 | 2935 | 16 262 |
| 瑞典 Sweden | 775 | 762 | 1537 |

(续表 cont'd)

| 外国（地区）<br>Foreign (Region) | 外国（地区）注册件数<br>Foreign (Region) Registrations | 马德里注册件数<br>Madrid Registrations | 合计<br>Total |
|---|---|---|---|
| 瑞士 Switzerland | 1833 | 3595 | 5428 |
| 萨摩亚 Samoa | 170 | 0 | 170 |
| 塞尔维亚 Serbia | 0 | 27 | 27 |
| 塞拉利昂 Sierra Leone | 2 | 0 | 2 |
| 塞内加尔 Senegal | 1 | 0 | 1 |
| 塞浦路斯 Cyprus | 80 | 159 | 239 |
| 塞舌尔 Seychelles | 340 | 8 | 348 |
| 沙特阿拉伯 Saudi Arabia | 153 | 0 | 153 |
| 圣基茨和尼维斯 Saint Kitts and Nevis | 2 | 0 | 2 |
| 圣马利诺 San Marino | 16 | 12 | 28 |
| 斯里兰卡 Sri Lanka | 27 | 0 | 27 |
| 斯洛伐克 Slovakia | 16 | 144 | 160 |
| 斯洛文尼亚 Slovenia | 11 | 73 | 84 |
| 苏丹 Sudan | 3 | 0 | 3 |
| 塔吉克斯坦 Tajikistan | 2 | 2 | 4 |
| 泰国 Thailand | 1321 | 4 | 1325 |
| 坦桑尼亚 Tanzania | 12 | 0 | 12 |
| 特克斯和凯科斯群岛 Turks and Caicos Islands | 7 | 0 | 7 |
| 特立尼达和多巴哥 Trinidad and Tobago | 1 | 0 | 1 |

(续表 cont'd)

# II 商标

## 一、商标申请与注册

(续表 cont'd)

| 外国（地区）<br>Foreign（Region） | 外国（地区）注册件数<br>Foreign（Region）Registrations | 马德里注册件数<br>Madrid Registrations | 合计<br>Total |
|---|---|---|---|
| 突尼斯 Tunisia | 20 | 1 | 21 |
| 土尔耳 Tuerer | 347 | 637 | 984 |
| 土库曼斯坦 Turkmenistan | 3 | 0 | 3 |
| 瓦努阿图 Vanuatu | 1 | 0 | 1 |
| 危地马拉 Guatemala | 14 | 0 | 14 |
| 委内瑞拉 Venezuela | 39 | 0 | 39 |
| 文莱 Brunei | 61 | 0 | 61 |
| 乌干达 Uganda | 2 | 0 | 2 |
| 乌克兰 Ukraine | 55 | 211 | 266 |
| 乌拉圭 Uruguay | 18 | 0 | 18 |
| 乌兹别克斯坦 Uzbekistan | 3 | 0 | 3 |
| 西班牙 Spain | 1101 | 876 | 1977 |
| 希腊 Greece | 89 | 62 | 151 |
| 新加坡 Singapore | 2098 | 384 | 2482 |
| 新西兰 New Zealand | 969 | 277 | 1246 |
| 匈牙利 Hungary | 23 | 145 | 168 |
| 叙利亚 Syria | 15 | 0 | 15 |
| 牙买加 Jamaica | 1 | 0 | 1 |
| 亚美尼亚 Armenia | 7 | 15 | 22 |

# 中国知识产权统计年报2015
## China Intellectual Property Statistical Yearbook 2015

(续表 cont'd)

| 外国（地区）<br>Foreign (Region) | 外国（地区）注册件数<br>Foreign (Region) Registrations | 马德里注册件数<br>Madrid Registrations | 合计<br>Total |
|---|---|---|---|
| 也门 Yemen | 15 | 0 | 15 |
| 伊拉克 Iraq | 56 | 0 | 56 |
| 伊朗 Iran | 126 | 83 | 209 |
| 以色列 Israel | 247 | 200 | 447 |
| 意大利 Italy | 2764 | 4264 | 7028 |
| 印度 India | 356 | 53 | 409 |
| 印度尼西亚 Indonesia | 377 | 1 | 378 |
| 英国 U.K. | 6479 | 3710 | 10 189 |
| 英属维尔京群岛 British Virgin Islands | 3990 | 281 | 4271 |
| 约旦 Jordan | 26 | 0 | 26 |
| 越南 Viet Nam | 85 | 53 | 138 |
| 泽西岛 Jersey Island | 11 | 3 | 14 |
| 直布罗陀 Gibraltar | 10 | 5 | 15 |
| 智利 Chile | 327 | 2 | 329 |
| 合计 Total | 99 852 | 49 552 | 149 404 |

## 表5 2015年度按类申请和注册商标统计表　　　　（单位：件）
## Statistics of Trademark Applications and Registrations by Class in 2015
（unit：piece）

| 类别 Type | 申请 Applications ||||  注册 Registrations ||||
|---|---|---|---|---|---|---|---|---|
| | 国内 Domestic | 国际 International | 马德里 Madrid | 合计 Total | 国内 Domestic | 国际 International | 马德里 Madrid | 合计 Total |
| 1 | 34 532 | 1793 | 1349 | 37 674 | 32 465 | 1931 | 1192 | 35 588 |
| 2 | 16 379 | 648 | 379 | 17 406 | 15 667 | 719 | 388 | 16 774 |
| 3 | 93 387 | 8482 | 2558 | 104 427 | 66 900 | 5014 | 1965 | 73 879 |
| 4 | 13 923 | 815 | 478 | 15 216 | 12 175 | 789 | 469 | 13 433 |
| 5 | 86 632 | 5357 | 2549 | 94 538 | 62 392 | 4560 | 2097 | 69 049 |
| 6 | 37 270 | 1675 | 1037 | 39 982 | 38 082 | 1643 | 995 | 40 720 |
| 7 | 54 248 | 3150 | 2277 | 59 675 | 57 939 | 3345 | 1950 | 63 234 |
| 8 | 14 752 | 1275 | 671 | 16 698 | 13 931 | 1094 | 622 | 15 647 |
| 9 | 175 040 | 10 440 | 6195 | 191 675 | 126 332 | 9241 | 4827 | 140 400 |
| 10 | 31 258 | 2437 | 1507 | 35 202 | 23 658 | 2049 | 1126 | 26 833 |
| 11 | 78 652 | 3254 | 1737 | 83 643 | 77 177 | 2741 | 1392 | 81 310 |
| 12 | 42 566 | 2218 | 1296 | 46 080 | 37 297 | 2290 | 962 | 40 549 |
| 13 | 3458 | 163 | 68 | 3689 | 3353 | 164 | 93 | 3610 |
| 14 | 44 421 | 2395 | 1357 | 48 173 | 37 040 | 1908 | 1148 | 40 096 |
| 15 | 7296 | 362 | 136 | 7794 | 5582 | 374 | 142 | 6098 |
| 16 | 46 091 | 3540 | 1859 | 51 490 | 38 175 | 3215 | 1706 | 43 096 |
| 17 | 15 450 | 898 | 680 | 17 028 | 17 165 | 1024 | 708 | 18 897 |
| 18 | 40 511 | 3545 | 1969 | 46 025 | 45 192 | 3344 | 1624 | 50 160 |
| 19 | 36 207 | 821 | 582 | 37 610 | 38 401 | 753 | 565 | 39 719 |
| 20 | 58 942 | 1928 | 1171 | 62 041 | 55 265 | 1708 | 1049 | 58 022 |
| 21 | 44 929 | 2734 | 1191 | 48 854 | 41 716 | 2433 | 1028 | 45 177 |
| 22 | 7921 | 435 | 214 | 8570 | 7525 | 506 | 231 | 8262 |

(续表 cont'd)

| 类别 Type | 申请 Applications | | | | 注册 Registrations | | | |
|---|---|---|---|---|---|---|---|---|
| | 国内 Domestic | 国际 International | 马德里 Madrid | 合计 Total | 国内 Domestic | 国际 International | 马德里 Madrid | 合计 Total |
| 23 | 5064 | 187 | 95 | 5346 | 5055 | 243 | 109 | 5407 |
| 24 | 30 549 | 1703 | 930 | 33 182 | 33 704 | 1493 | 793 | 35 990 |
| 25 | 187 187 | 7125 | 3282 | 197 594 | 218 131 | 6435 | 2328 | 226 894 |
| 26 | 10 671 | 628 | 303 | 11 602 | 10 350 | 645 | 294 | 11 289 |
| 27 | 12 290 | 570 | 304 | 13 164 | 12 871 | 534 | 267 | 13 672 |
| 28 | 39 322 | 2965 | 1325 | 43 612 | 32 454 | 2490 | 1153 | 36 097 |
| 29 | 118 601 | 3583 | 1135 | 123 319 | 89 671 | 2958 | 927 | 93 556 |
| 30 | 159 080 | 4933 | 1580 | 165 593 | 121 968 | 3888 | 1321 | 127 177 |
| 31 | 77 604 | 1204 | 520 | 79 328 | 61 711 | 913 | 430 | 63 054 |
| 32 | 55 398 | 3069 | 973 | 59 440 | 39 520 | 2076 | 873 | 42 469 |
| 33 | 58 134 | 2782 | 1102 | 62 018 | 43 490 | 3071 | 885 | 47 446 |
| 34 | 8739 | 575 | 289 | 9603 | 6650 | 424 | 255 | 7329 |
| 35 | 286 383 | 8219 | 4102 | 298 704 | 170 891 | 6246 | 2734 | 179 871 |
| 36 | 63 198 | 1787 | 910 | 65 895 | 31 953 | 1616 | 680 | 34 249 |
| 37 | 36 482 | 1297 | 1330 | 39 109 | 31 244 | 1358 | 1194 | 33 796 |
| 38 | 47 323 | 1579 | 1083 | 49 985 | 19 495 | 1186 | 936 | 21 617 |
| 39 | 40 272 | 1232 | 747 | 42 251 | 26 453 | 1288 | 695 | 28 436 |
| 40 | 20 227 | 750 | 800 | 21 777 | 18 374 | 707 | 765 | 19 846 |
| 41 | 103 678 | 4705 | 2443 | 110 826 | 59 786 | 3788 | 2010 | 65 584 |
| 42 | 123 555 | 3805 | 3441 | 130 801 | 62 842 | 3174 | 2771 | 68 787 |
| 43 | 118 776 | 3021 | 874 | 122 671 | 83 821 | 2467 | 645 | 86 933 |
| 44 | 44 707 | 1594 | 800 | 47 101 | 29 695 | 1253 | 694 | 31 642 |
| 45 | 27 569 | 1009 | 577 | 29 155 | 13 479 | 754 | 514 | 14 747 |
| 合计 | 2 658 674 | 116 687 | 60 205 | 2 835 566 | 2 077 037 | 99 852 | 49 552 | 2 226 441 |

注：由于不予受理件未电子化，以上数据不含不予受理量。

## II 商标

### 一、商标申请与注册

表6　1979~2015年商标注册申请及核准注册商标统计表　　（单位：件）
Statistics of Trademark Applications and Registrations Approved, 1979-2015
（unit: piece）

| 年度<br>Year | 申请 Applications | | | | 核准注册 Registrations Approved | | | |
|---|---|---|---|---|---|---|---|---|
| | 国内<br>Domestic | 国际<br>International | 马德里<br>Madrid | 合计<br>Total | 国内<br>Domestic | 国际<br>International | 马德里<br>Madrid | 合计<br>Total |
| 1979 | 0 | 0 | 0 | 0 | 27 459 | 5130 | 0 | 32 589 |
| 1980 | 26 177 | 0 | 0 | 26 177 | 15 348 | 1297 | 0 | 16 645 |
| 1981 | 23 004 | 0 | 0 | 23 004 | 15 707 | 2049 | 0 | 17 756 |
| 1982 | 17 000 | 1565 | 0 | 18 565 | 12 385 | 4672 | 0 | 17 057 |
| 1983 | 19 120 | 1687 | 0 | 20 807 | 4293 | 2278 | 0 | 6571 |
| 1984 | 26 487 | 3077 | 0 | 29 564 | 13 252 | 1518 | 0 | 14 770 |
| 1985 | 43 445 | 5798 | 0 | 49 243 | 19 584 | 2084 | 0 | 21 668 |
| 1986 | 45 031 | 5939 | 0 | 50 970 | 26 993 | 5126 | 0 | 32 119 |
| 1987 | 40 014 | 4055 | 0 | 44 069 | 27 687 | 4454 | 0 | 32 141 |
| 1988 | 41 683 | 5866 | 0 | 47 549 | 25 448 | 3604 | 0 | 29 052 |
| 1989 | 43 202 | 5209 | 0 | 48 411 | 31 810 | 4625 | 0 | 36 435 |
| 1990 | 50 853 | 4371 | 2048 | 57 272 | 25 966 | 4036 | 1269 | 31 271 |
| 1991 | 59 124 | 5885 | 2595 | 67 604 | 34 501 | 3523 | 2306 | 40 330 |
| 1992 | 79 837 | 8367 | 2591 | 90 795 | 42 710 | 4198 | 1180 | 48 088 |
| 1993 | 107 758 | 21 014 | 3551 | 132 323 | 42 668 | 3999 | 2059 | 48 726 |
| 1994 | 117 186 | 20 238 | 5193 | 142 617 | 47 482 | 7803 | 3016 | 58 301 |
| 1995 | 144 610 | 21 442 | 6094 | 172 146 | 59 895 | 12 591 | 19 380 | 91 866 |
| 1996 | 122 057 | 22 615 | 7132 | 151 804 | 101 178 | 15 843 | 11 407 | 128 428 |

(续表 cont'd)

| 年度 Year | 申请 Applications | | | | 核准注册 Registrations Approved | | | |
|---|---|---|---|---|---|---|---|---|
| | 国内 Domestic | 国际 International | 马德里 Madrid | 合计 Total | 国内 Domestic | 国际 International | 马德里 Madrid | 合计 Total |
| 1997 | 118 577 | 21 676 | 8502 | 148 755 | 188 047 | 24 958 | 10 033 | 223 038 |
| 1998 | 129 394 | 18 252 | 10 037 | 157 683 | 80 095 | 14 137 | 13 478 | 107 710 |
| 1999 | 140 620 | 18 883 | 11 212 | 170 715 | 96 139 | 13 896 | 12 366 | 122 401 |
| 2000 | 181 717 | 24 623 | 16 837 | 223 177 | 129 441 | 16 327 | 12 807 | 158 575 |
| 2001 | 229 775 | 23 234 | 17 408 | 270 417 | 167 563 | 19 017 | 16 259 | 202 839 |
| 2002 | 321 034 | 37 221 | 13 681 | 371 936 | 169 904 | 23 364 | 19 265 | 212 533 |
| 2003 | 405 620 | 33 912 | 12 563 | 452 095 | 206 070 | 21 188 | 15 253 | 242 511 |
| 2004 | 527 591 | 44 938 | 15 396 | 587 925 | 225 394 | 25 069 | 16 156 | 266 619 |
| 2005 | 593 382 | 52 166 | 18 469 | 664 017 | 218 731 | 23 792 | 16 009 | 258 532 |
| 2006 | 669 276 | 56 840 | 40 203 | 766 319 | 228 814 | 25 254 | 21 573 | 275 641 |
| 2007 | 604 952 | 59 714 | 43 282 | 707 948 | 215 161 | 19 159 | 29 158 | 263 478 |
| 2008 | 590 525 | 60 704 | 46 890 | 698 119 | 342 498 | 31 870 | 29 101 | 403 469 |
| 2009 | 741 763 | 51 966 | 36 748 | 830 477 | 737 228 | 68 471 | 31 944 | 837 643 |
| 2010 | 973 460 | 67 838 | 30 889 | 1 072 187 | 1 211 428 | 108 510 | 29 299 | 1 349 237 |
| 2011 | 1 273 827 | 95 831 | 47 127 | 1 416 785 | 926 330 | 66 074 | 30 294 | 1 022 698 |
| 2012 | 1 502 540 | 97 190 | 48 586 | 1 648 316 | 919 951 | 58 656 | 26 290 | 1 004 897 |
| 2013 | 1 733 361 | 95 177 | 53 008 | 1 881 546 | 909 541 | 59 496 | 27 687 | 996 724 |
| 2014 | 2 139 973 | 93 284 | 52 101 | 2 285 358 | 1 242 840 | 86 394 | 45 870 | 1 375 104 |
| 2015 | 2 699 156 | 116 687 | 60 205 | 2 876 048 | 2 077 037 | 99 852 | 49 552 | 2 226 441 |
| 合计 | 16 542 649 | 1 207 264 | 612 348 | 18 402 743 | 10 866 578 | 894 314 | 493 011 | 12 253 903 |

## 二、商标评审案件

### 表7 2015年度商标评审案件统计表
### Statistics of Trademark Cases Reviewed and Adjudicated in 2015

| 项目<br>Item | 案件类型<br>Cases by Category | 数量（件）<br>Number of Cases（piece） |
|---|---|---|
| 评审案件申请量<br>Applications | 驳回商标注册申请复审<br>Review of Rejection of Trademark Applications | 99 557 |
| | 不予注册复审<br>Review of Rejection of Trademark Registration | 1746 |
| | 撤销注册商标复审<br>Review of Cancellation of Registered Trademarks | 4430 |
| | 无效宣告<br>Invalid Announcement | 11 951 |
| | 合计<br>Total | 117 684 |
| 评审案件裁决量<br>Adjudications | 驳回商标注册申请复审<br>Review of Rejection of Trademark Applications | 90 658 |
| | 异议复审<br>Review of Adjudication on Opposition | 7032 |
| | 不予注册复审<br>Review of Rejection of Trademark Registration | 31 |
| | 撤销注册商标复审<br>Review of Cancellation of Registered Trademarks | 3729 |
| | 无效宣告<br>Invalid Announcement | 7465 |
| | 合计<br>Total | 108 915 |
| 参与行政诉讼<br>Administrative Proceedings | 一审<br>First Instance | 7632 |
| | 二审<br>Second Instance | 2012 |
| | 再审<br>Retrial | 224 |
| | 合计<br>Total | 9868 |
| 行政复议<br>Administrative Reconsiderations | 申请量<br>Applications | 943 |
| | 结案量<br>Cases Concluded | 769 |

# 三、商标行政执法案件

## 表8 2015年全国查处商标一般违法案件统计表

| 项目 | 案件总数（件）合计 | 其中：投诉案件 | 其中：查处商标涉外案件 小计 | 其中：投诉案件 | 案值（万元） | 罚没金额（万元） | 其中：立案查处（件）小计 | 其中：投诉案件 | 罚款10万~100万元 | 罚款100万元以上 | 收缴和销毁商标标识（件） | 销毁物品（件） |
|---|---|---|---|---|---|---|---|---|---|---|---|---|
| 合计 | 3337 | 531 | 85 | 23 | 13417 | 3634 | 1719 | 388 | 62 | | 18180 | 2456 |
| 注册商标使用的管理 | | | | | | | | | | | | |
| 自行改变注册商标的 | 247 | 17 | 15 | 1 | 241 | * | 154 | 17 | * | * | * | * |
| 自行改变注册商标人名义、地址或其他注册事项的 | 16 | 4 | 3 | 3 | 30 | * | 11 | 3 | * | * | * | * |
| 自行转让注册商标的 | 1 | | | | | * | | | * | * | * | * |
| 商品粗制滥造、以次充好、欺骗消费者的 | 247 | 37 | 5 | | 194 | 218 | 63 | 27 | 2 | | * | * |
| 未注册商标使用的管理 | | | | | | | | | | | | |
| 冒充注册商标的 | 1952 | 383 | 39 | 15 | 11758 | 2430 | 983 | 257 | 49 | | * | * |
| 商品粗制滥造、以次充好、欺骗消费者的 | 423 | 12 | 16 | 1 | 645 | 535 | 255 | 10 | 3 | | * | * |
| 违反《商标法》第6条规定的 | 46 | 1 | | | 18 | 19 | 14 | 1 | | | * | * |
| 违反《商标法》第10条规定的 | 42 | 2 | 5 | | 235 | 79 | 9 | 1 | 2 | | * | * |
| 违反《商标法》第40条第2款规定的 | 47 | 22 | | | 25 | * | 28 | 22 | * | * | * | * |
| 违反《商标法》第13条规定的 | 24 | 11 | 2 | | 13 | * | 19 | 13 | * | * | 222 | |
| 违反《商标印制管理办法》规定的 | 237 | 32 | 5 | 1 | 170 | 238 | 157 | 28 | 1 | * | 8368 | 1300 |
| 违法使用地理标志的 | 12 | 1 | | | 9 | 34 | 11 | 1 | 2 | | | 1156 |
| 违法使用地理标志产品专用标志的 | 8 | 6 | 2 | 2 | 10 | 5 | 7 | 6 | | | 9590 | |
| 违法使用特殊标志的 | 35 | 3 | 3 | 2 | 68 | 76 | 8 | 3 | 3 | | | |

## Ⅱ 商标

### 三、商标行政执法案件

**Statistics of Common Cases of Trademark Offense Nationwide in 2015**

| Category | Item | Total Number of Cases (piece) Total | Total Number of Cases Among: Complaint Cases | Among: Number of Foreign-related Cases Subtotal | Among: Number of Foreign-related Cases Complaint Cases | Value (ten thousand yuan) | Fines (ten thousand yuan) | Among: Number of Cases Handled (piece) Subtotal | Among: Number of Cases Handled Complaint Cases | Fines 100 000 ~ 1 000 000 yuan | Fines > 1 000 000 yuan | Trademarks Reproduction Seized and Removed (piece) | Faulty Articles Destroyed (piece) |
|---|---|---|---|---|---|---|---|---|---|---|---|---|---|
| | Total | 3337 | 531 | 85 | 23 | 13 417 | 3634 | 1719 | 388 | 62 | * | 18 180 | 2456 |
| Administration on the Use of Registered Trademarks | Altering Registered Trademark Without Approval | 247 | 17 | 15 | 1 | 241 | * | 154 | 17 | * | * | * | * |
| | Altering the Name, Address or Other Registered Matters Without Approval | 16 | 4 | 3 | 3 | 30 | * | 11 | 3 | * | * | * | * |
| | Assigning a Registered Trademark Without Approval | 1 | | | | | * | | | * | | * | * |
| | Producing Shoddy Goods to Deceive Consumers | 247 | 37 | 5 | | 194 | 218 | 63 | 27 | 2 | * | * | * |
| Administration on the Use of Unregistered Trademarks | Passing Unregistered Trademarks off as Registered Trademarks | 1952 | 383 | 39 | 15 | 11 758 | 2430 | 983 | 257 | 49 | * | * | * |
| | Producing Shoddy Goods to Deceive Consumers | 423 | 12 | 16 | 1 | 645 | 535 | 255 | 10 | 3 | * | * | * |
| | Violating Article 6 of Trademark Law | 46 | 1 | | | 18 | 19 | 14 | | | * | * | * |
| | Violating Article 10 of Trademark Law | 42 | 2 | | | 235 | 79 | 9 | 1 | 2 | * | * | * |
| | Violating Article 40, Paragraph 2 of Trademark Law | 47 | 22 | | | 25 | * | 28 | 22 | * | * | 222 | |
| | Violating Article 13 of Trademark Law | 24 | 11 | | | 13 | * | 19 | 13 | * | * | | |
| | Violating the Regulation on Trademark Printing | 237 | 32 | 5 | 1 | 170 | 238 | 157 | 28 | 1 | * | 8368 | 1300 |
| | Illegal Use of Geographical Indications | 12 | 1 | | | 9 | 34 | 11 | 1 | 2 | | | 1156 |
| | Illegal Use of Special Signs of Geographical Indications | 8 | 6 | | | 10 | 5 | 7 | 6 | | | 9590 | |
| | Illegal Use of Special Signs | 35 | 3 | 2 | 2 | 68 | 76 | 8 | 3 | 3 | | | |

# 中国知识产权统计年报2015

## 表9　2015年全国查处商标侵权假冒案件统计表（一）

| 项目 | 案件总数（件）合计 | 其中：投诉案件 | 其中：涉外案件 小计 | 其中：涉外案件 投诉案件 | 案值（万元） | 罚没金额（万元） | 立案查处 小计 | 其中：投诉案件 | 处罚程度 罚款10万~100万元 | 处罚程度 罚款100万元以上 | 利用互联网实施侵权假冒案件 案件数（件） | 利用互联网实施侵权假冒案件 案值（万元） |
|---|---|---|---|---|---|---|---|---|---|---|---|---|
| 合计 | 27 379 | 8984 | 6460 | 2764 | 36 672 | 32 564 | 19 802 | 7422 | 721 | 6 | 300 | 558 |
| 假冒商标 小计 | 4487 | 1450 | 1347 | 572 | 5945 | 6118 | 3377 | 1268 | 123 | 1 | 74 | 137 |
| 　未经注册商标所有人的许可，在相同商品上使用与其注册商标相同的商标的 | 2030 | 733 | 670 | 265 | 2905 | 2932 | 1561 | 646 | 33 | | 13 | 10 |
| 　伪造、擅自制造他人注册商标标识或者销售伪造、擅自制造的注册商标标识的 | 627 | 83 | 125 | 34 | 644 | 795 | 352 | 65 | 38 | | 2 | 7 |
| 　销售明知是假冒注册商标的商品的 | 1830 | 634 | 552 | 273 | 2396 | 2391 | 1464 | 557 | 52 | 1 | 59 | 120 |
| 商标侵权 小计 | 22 892 | 7534 | 5113 | 2192 | 30 726 | 26 446 | 16 425 | 6154 | 598 | 5 | 226 | 421 |
| 　未经注册商标所有人的许可，在相同商品上使用与其注册商标近似的商标或在类似商品上使用与其注册商标相同或近似的商标的 | 4050 | 1146 | 1010 | 356 | 11 763 | 6407 | 2869 | 1002 | 96 | | 33 | 156 |
| 　销售侵犯注册商标专用权的商品的 | 17 885 | 6037 | 3983 | 1787 | 17 361 | 18 653 | 12 885 | 4861 | 442 | 5 | 163 | 255 |
| 　在同一种或类似商品上，将与他人注册商标相同或近似的标识作为商品名称或者商品装潢使用，误导公众的 | 414 | 163 | 52 | 20 | 636 | 531 | 276 | 130 | 13 | | | |
| 　故意为侵犯他人注册商标专用权行为提供仓储、运输、邮寄、隐匿便利条件的 | 46 | 13 | 17 | 5 | 77 | 120 | 33 | 12 | 7 | | | |
| 　未经商标注册人同意更换其注册商标并将该更换商标的商品又投入市场的 | 8 | 2 | 2 | 1 | 2 | 6 | 5 | 2 | | | | |
| 　给他人注册商标专用权造成其他损害的 | 113 | 60 | 25 | 19 | 146 | 177 | 73 | 48 | 4 | | | |
| 　侵犯地理标志专有权的 | 31 | 19 | 2 | | 91 | 35 | 22 | 13 | 6 | | | |
| 　侵犯特殊标志所有权的 | 11 | 4 | 4 | | 2 | 5 | 7 | 4 | | | 1 | |
| 　侵犯驰名商标权益的 | 334 | 90 | 22 | 4 | 648 | 511 | 255 | 82 | 30 | | 29 | 11 |

## 表9　2015年全国查处商标侵权假冒案件统计表（二）

| 项目 | 没收、销毁侵权商品（件） | 没收、销毁侵权商标标识（件） | 销毁专门用于制造侵权商品和伪造注册商标标识的工具（件） | 案件数 合计 | 案件数 其中：投诉案件 | 移送司法机关 人数 | 移送司法机关 案件数 其中：投诉案件 | 移送司法机关 案件数 合计 | 其中：涉外案件 合计 | 其中：涉外案件 其中：投诉案件 | 其中：涉外案件 人数 |
|---|---|---|---|---|---|---|---|---|---|---|---|
| 合计 | 8 614 952 | 3 894 218 | 10 310 | * | * | * | * | * | * | * | * |
| 假冒商标 小计 | 2 052 903 | 1 185 571 | 939 | 164 | 66 | 171 | 37 | 76 | 76 | 27 | 76 |
| 　未经注册商标所有人的许可，在相同商品上使用与其注册商标相同的商标的 | 1 770 854 | 328 831 | 177 | 76 | 37 | 68 | 25 | 25 | 22 | 12 | 22 |
| 　伪造、擅自制造他人注册商标标识或者销售伪造、擅自制造的注册商标标识的 | 50 912 | 843 232 | 702 | 16 | 8 | 11 | 8 | 8 | 5 | 5 | 5 |
| 　销售明知是假冒注册商标的商品的 | 231 137 | 13 508 | 60 | 72 | 21 | 92 | 43 | 43 | 49 | 10 | 49 |
| 商标侵权 小计 | 6 562 049 | 2 708 647 | 9371 | * | * | * | * | * | * | * | * |
| 　未经注册商标所有人的许可，在相同商品上使用与其注册商标近似的商标或在类似商品上使用与其注册商标相同或近似的商标的 | 3 320 115 | 1 868 335 | 6199 | * | * | * | * | * | * | * | * |
| 　销售侵犯注册商标专用权的商品的 | 3 029 938 | 579 072 | 3100 | * | * | * | * | * | * | * | * |
| 　在同一种或类似商品上，将与他人注册商标相同或近似的标识作为商品名称或者商品装潢使用，误导公众的 | 110 234 | 7953 | 64 | * | * | * | * | * | * | * | * |
| 　故意为侵犯他人注册商标专用权行为提供仓储、运输、邮寄、隐匿便利条件的 | 25 069 | 53 205 | * | * | * | * | * | * | * | * | * |
| 　未经商标注册人同意更换其注册商标并将该更换商标的商品又投入市场的 | 200 | * | * | * | * | * | * | * | * | * | * |
| 　给他人注册商标专用权造成其他损害的 | 45 072 | 176 022 | 3 | * | * | * | * | * | * | * | * |
| 　侵犯地理标志专用权的 | 523 | 18 000 | 1 | * | * | * | * | * | * | * | * |
| 　侵犯特殊标志所有权的 | 5 | * | * | * | * | * | * | * | * | * | * |
| 　侵犯驰名商标权益的 | 30 893 | 6060 | 4 | * | * | * | * | * | * | * | * |

# Statistics of Trademark Infringement and Counterfeit Cases Nationwide in 2015 (One)

| Item | Total Number of Cases (piece) | Among: Complaint Cases | Among: Number of Foreign-related Cases | | Value (ten thousand yuan) | Fine (ten thousand yuan) | Number of Cases Handled (piece, ten thousand yuan) | | Amounts of Fines | | Cases of Infringement and Fake Through the Internet | |
|---|---|---|---|---|---|---|---|---|---|---|---|---|
| | | | Subtotal | Among: Complaint Cases | | | Subtotal | Among: Complaint Cases | Fines 100 000~1 000 000 yuan | Fines >1 000 000 yuan | Cases | Value (ten thousand yuan) |
| Total | 27 379 | 8984 | 6460 | 2764 | 36 672 | 32 564 | 19 802 | 7422 | 721 | 6 | 300 | 558 |
| **Trademark Counterfeiting** | | | | | | | | | | | | |
| Subtotal | 4487 | 1450 | 1347 | 572 | 5945 | 6118 | 3377 | 1268 | 123 | 1 | 74 | 137 |
| Using an Identical Trademark on the Same Goods Without the Consent of the Proprietor | 2030 | 733 | 670 | 265 | 2905 | 2932 | 1561 | 646 | 33 | | 13 | 10 |
| Counterfeiting or Making Lables of a Registered Trademark of Others, or Selling Such Labels as Counterfeited or Made Without Authorization | 627 | 83 | 125 | 34 | 644 | 795 | 352 | 65 | 38 | | 2 | 7 |
| Selling Goods Bearing Counterfeited Registered Trademarks Intentionally | 1830 | 634 | 552 | 273 | 2396 | 2391 | 1464 | 557 | 52 | 1 | 59 | 120 |
| **Trademark Infringements** | | | | | | | | | | | | |
| Subtotal | 22 892 | 7534 | 5113 | 2192 | 30 726 | 26 446 | 16 425 | 6154 | 598 | 5 | 226 | 421 |
| Using a Similar Trademark on the Same Goods, or an Identical or Similar Trademark on Similar Goods Without Authorization | 4050 | 1146 | 1010 | 356 | 11 763 | 6407 | 2869 | 1002 | 96 | | 33 | 156 |
| Selling Goods that Infringe the Exclusive Right of a Registered Trademark | 17 885 | 6037 | 3983 | 1787 | 17 361 | 18 653 | 12 885 | 4861 | 442 | 5 | 163 | 255 |
| Using Identical or Similar Marks to a Registered Trademark of Others, on the Same or Similar Goods, as the Name or Decoration of the Goods | 414 | 163 | 52 | 20 | 636 | 531 | 276 | 130 | 13 | | | |
| Facilitating the Infringement Behaviors by Providing Storage, Transportation, Postal Service and Concealment Intentionally | 46 | 13 | 17 | 5 | 77 | 120 | 33 | 12 | 7 | | | |
| Changing Others' Registered Trademark Without Authorization, and Selling Goods Bearing a Replaced Trademark | 8 | 2 | 2 | 1 | 2 | 6 | 5 | 2 | | | | |
| Causing other Damages to the Exclusive Right of a Registered Trademark of Others | 113 | 60 | 25 | 19 | 146 | 177 | 73 | 48 | 4 | | | |
| Infringing the Exclusive Right of Geographical Indications | 31 | 19 | 2 | | 91 | 35 | 22 | 13 | 6 | | | |
| Infringing the Exclusive Right of Special Signs | 11 | 4 | | | 2 | 5 | 7 | 4 | | | 1 | |
| Infringing the Right of the Well-known Trademarks | 334 | 90 | 22 | 4 | 648 | 511 | 255 | 82 | 30 | | 29 | 11 |

## 三、商标行政执法案件

### Statistics of Trademark Infringement and Counterfeit Cases Nationwide in 2015 (Two)

| Item | | Infringing Articles Seized and Destroyed (piece) | Infringing Trademark Labels Seized and Removed (piece) | Seized and Destroyed Tools Specially Used to Manufacture the Infringing Goods and Counterfeit Labels of Registered Trademarks (piece) | Cases Transferred to Judicial Organs | | | | | | |
|---|---|---|---|---|---|---|---|---|---|---|---|
| | | | | | Number of Cases | | Persons Transferred | Number of Foreign-related Cases | | | Persons Transferred |
| | | | | | Total | Among: Complaint Cases | | Total | Among: Complaint Cases | | |
| | Total | 8 614 952 | 3 894 218 | 10 310 | * | * | * | * | * | | 76 |
| Trademark Counterfeiting | Subtotal | 2 052 903 | 1 185 571 | 939 | 164 | 66 | 171 | 76 | 27 | | 76 |
| | Using an Identical Trademark on the Same Goods Without the Consent of the Proprietor | 1 770 854 | 328 831 | 177 | 76 | 37 | 68 | 25 | 12 | | 22 |
| | Counterfeiting or Making Lables of a Registered Trademark of Others, or Selling Such Lables as Counterfeited or Made Without Authorization | 50 912 | 843 232 | 702 | 16 | 8 | 11 | 8 | 5 | | 5 |
| | Selling Goods Bearing Counterfeited Registered Trademarks Intentionally | 231 137 | 13 508 | 60 | 72 | 21 | 92 | 43 | 10 | | 49 |
| Trademark Infringements | Subtotal | 6 562 049 | 2 708 647 | 9371 | * | * | * | * | * | | * |
| | Using a Similar Trademark on the Same Goods, or an Identical or Similar Trademark on Similar Goods Without Authorization | 3 320 115 | 1 868 335 | 6199 | * | * | * | * | * | | * |
| | Selling Goods that Infringe the Exclusive Right of a Registered Trademark | 3 029 938 | 579 072 | 3100 | * | * | * | * | * | | * |
| | Using Identical or Similar Marks to a Registered Trademark of Others, on the Same or Similar Goods, as the Name or Decoration of the Goods | 110 234 | 7953 | 64 | * | * | * | * | * | | * |
| | Facilitating the Infringement Behaviors by Providing Storage, Transportation, Postal Service and Concealment Intentionally | 25 069 | 53 205 | | * | * | * | * | * | | * |
| | Changing Others' Registered Trademark Without Authorization, and Selling Goods Bearing a Replaced Trademark | 200 | | | * | * | * | * | * | | * |
| | Causing Other Damages to the Exclusive Right of a Registered Trademark of Others | 45 072 | 176 022 | 3 | * | * | * | * | * | | * |
| | Infringing the Exclusive Right of Geographical Indications | 523 | 18 000 | 1 | * | * | * | * | * | | * |
| | Infringing the Exclusive Right of Special Signs | 5 | | | * | * | * | * | * | | * |
| | Infringing the Right of the Well-known Trademarks | 30 893 | 6060 | 4 | * | * | * | * | * | | * |

### 表10 2015年全国各地区查处商标违法案件基本情况统计表
### Statistics of Handling of Trademark Offenses Nationwide in 2015

| 地区 Region | 一般违法 General Illegal | | | | 侵权假冒 Infringement and Counterfeiting | | | |
|---|---|---|---|---|---|---|---|---|
| | 案件总数（件）Cases (piece) | 其中：涉外案件（件）Among: Cases of Foreign-related (piece) | 案值（万元）Value (ten thousand yuan) | 罚款金额（万元）Fines (ten thousand yuan) | 案件总数（件）Cases (piece) | 其中：涉外案件（件）Among: Cases of Foreign-related (piece) | 案值（万元）Value (ten thousand yuan) | 罚款金额（万元）Fines (ten thousand yuan) |
| 合计 Total | 3337 | 85 | 13 416.52 | 3634.46 | 27 379 | 6460 | 36 671.71 | 32 563.97 |
| 北京 Beijing | 3 | | 6.00 | 20.50 | 984 | 466 | 928.12 | 1128.82 |
| 天津 Tianjin | 10 | | 307.32 | 7.10 | 310 | 4 | 255.09 | 261.45 |
| 河北 Hebei | 147 | 16 | 109.79 | 169.44 | 569 | 84 | 375.32 | 596.38 |
| 山西 Shanxi | 42 | | 18.06 | 19.80 | 299 | 15 | 92.75 | 170.81 |
| 内蒙古 Inner Mongolia | 40 | | 39.80 | 31.91 | 185 | 1 | 95.93 | 140.22 |
| 辽宁 Liaoning | 7 | | 19.70 | 8.01 | 401 | 45 | 735.87 | 380.86 |
| 吉林 Jilin | 18 | | 7.56 | 5.88 | 247 | 25 | 203.91 | 335.80 |
| 黑龙江 Heilongjiang | 5 | | 4.10 | 0.80 | 25 | | 19.72 | 21.50 |
| 上海 Shanghai | 31 | 1 | 1013.37 | 77.11 | 1309 | 735 | 3901.25 | 1211.33 |
| 江苏 Jiangsu | 67 | | 3406.37 | 311.63 | 1370 | 96 | 5053.90 | 2641.79 |
| 浙江 Zhejiang | 234 | 20 | 4870.09 | 353.42 | 3904 | 2032 | 7118.95 | 8114.46 |
| 安徽 Anhui | 202 | | 60.01 | 130.52 | 2114 | 57 | 908.06 | 1142.22 |
| 福建 Fujian | 362 | 26 | 319.92 | 206.73 | 1340 | 432 | 1518.73 | 2222.23 |
| 江西 Jiangxi | 23 | | 8.33 | 14.54 | 309 | 5 | 282.74 | 313.19 |

## II 商标

### 三、商标行政执法案件

（续表 cont'd）

| 地区<br>Region | 一般违法<br>General Illegal | | | | 侵权假冒<br>Infringement and Counterfeiting | | | |
|---|---|---|---|---|---|---|---|---|
| | 案件总数（件）<br>Cases (piece) | 其中：涉外案件（件）<br>Among: Cases of Foreign-related (piece) | 案值（万元）<br>Value (ten thousand yuan) | 罚款金额（万元）<br>Fines (ten thousand yuan) | 案件总数（件）<br>Cases (piece) | 其中：涉外案件（件）<br>Among: Cases of Foreign-related (piece) | 案值（万元）<br>Value (ten thousand yuan) | 罚款金额（万元）<br>Fines (ten thousand yuan) |
| 山东 Shandong | 92 | | 138.97 | 107.23 | 1087 | 105 | 818.73 | 1071.19 |
| 河南 Henan | 362 | | 419.94 | 339.30 | 1871 | 26 | 1471.20 | 1314.74 |
| 湖北 Hubei | 441 | 1 | 769.11 | 567.92 | 1768 | 71 | 4433.65 | 2302.76 |
| 湖南 Hunan | 223 | | 269.51 | 372.51 | 854 | 6 | 1463.11 | 1003.86 |
| 广东 Guangdong | 234 | 7 | 645.28 | 213.38 | 3974 | 2021 | 3600.25 | 4893.28 |
| 广西 Guangxi | 11 | | 1.60 | 3.97 | 692 | 20 | 513.45 | 277.98 |
| 海南 Hainan | 4 | 3 | 0.90 | 4.90 | 177 | 17 | 235.90 | 97.31 |
| 重庆 Chongqing | 17 | | 48.17 | 39.50 | 240 | 23 | 396.07 | 584.47 |
| 四川 Sichuan | 205 | | 231.02 | 185.16 | 1034 | 22 | 716.69 | 778.06 |
| 贵州 Guizhou | 84 | 3 | 144.58 | 39.17 | 403 | | 316.71 | 243.08 |
| 云南 Yunnan | 70 | | 91.33 | 75.30 | 334 | 8 | 231.89 | 218.91 |
| 西藏 Tibet | 19 | | 6.07 | 16.65 | 68 | | 49.03 | 55.37 |
| 陕西 Shaanxi | 116 | | 140.67 | 92.31 | 461 | 78 | 43.04 | 262.51 |
| 甘肃 Gansu | 55 | 2 | 50.23 | 56.05 | 406 | 26 | 262.14 | 254.31 |
| 青海 Qinghai | | | | | 76 | | 38.96 | 41.89 |
| 宁夏 Ningxia | 25 | | 9.44 | 11.91 | 105 | | 41.99 | 42.78 |
| 新疆 Xinjiang | 188 | 6 | 259.28 | 151.81 | 463 | 40 | 548.56 | 440.41 |

（本统计数据由国家工商行政管理总局商标局提供）

# III

# 版权

表1 2015年全国版权合同登记情况统计表　　　　　　　　（单位：份）

Statistics of Registration of Copyright Contract Nationwide in 2015

（unit：piece）

| | 合计 Total | 图书 Book | 期刊 Periodical | 音像制品 Audio-visual Product | 电子出版物 Electronic Publication | 软件 Software | 电影 Film | 电视节目 Television Program | 其他 Others |
|---|---|---|---|---|---|---|---|---|---|
| 合计 Total | 19 030 | 15 964 | 121 | 1688 | 190 | 762 | 2 | 4 | 299 |
| 中国版权保护中心 National Center of Copyright Protection | 1718 | | | 1590 | 19 | 109 | | | |
| 北京 Beijing | 8945 | 8686 | 120 | 0 | 111 | 28 | 0 | 0 | 0 |
| 天津 Tianjin | 300 | 278 | 0 | 4 | 18 | 0 | 0 | 0 | 0 |
| 河北 Hebei | 130 | 130 | | | | | | | |
| 山西 Shanxi | 43 | 43 | | | | | | | |
| 内蒙古 Inner Mongolia | 0 | 0 | 0 | 0 | 0 | 0 | 0 | 0 | 0 |
| 辽宁 Liaoning | 185 | 181 | 0 | 0 | 0 | 4 | 0 | 0 | 0 |
| 吉林 Jilin | 182 | 182 | | | | | | | |
| 黑龙江 Heilongjiang | 64 | 64 | | | | | | | |
| 上海 Shanghai | 1277 | 1083 | | 92 | 35 | | | | 67 |
| 江苏 Jiangsu | 1087 | 658 | | | 7 | 422 | | | |
| 浙江 Zhejiang | 551 | 368 | | | | 183 | | | |
| 安徽 Anhui | 318 | 318 | | | | | | | |
| 福建 Fujian | 75 | 74 | 1 | | | | | | |
| 江西 Jiangxi | 334 | 334 | | | | | | | |
| 山东 Shandong | 403 | 403 | | | | | | | |

# 中国知识产权统计年报2015
## China Intellectual Property Statistical Yearbook 2015

(续表 cont'd)

| | 合计 Total | 图书 Book | 期刊 Periodical | 音像制品 Audio-visual Product | 电子出版物 Electronic Publication | 软件 Software | 电影 Film | 电视节目 Television Program | 其他 Others |
|---|---|---|---|---|---|---|---|---|---|
| 河南 Henan | 529 | 529 | | | | | | | |
| 湖北 Hubei | 389 | 389 | | | | | | | |
| 湖南 Hunan | 209 | 205 | 0 | 2 | 0 | 0 | 2 | 0 | 0 |
| 广东 Guangdong | 442 | 205 | | | | 1 | | 4 | 232 |
| 广西 Guangxi | 282 | 282 | | | | | | | |
| 海南 Hainan | 110 | 110 | | | | | | | |
| 重庆 Chongqing | 360 | 360 | | | | | | | |
| 四川 Sichuan | 306 | 306 | | | | | | | |
| 贵州 Guizhou | 17 | 17 | | | | | | | |
| 云南 Yunnan | 109 | 109 | | | | | | | |
| 西藏 Tibet | 0 | 0 | 0 | 0 | 0 | 0 | 0 | 0 | 0 |
| 陕西 Shaanxi | 634 | 619 | | | | 15 | | | |
| 甘肃 Gansu | | | | | | | | | |
| 青海 Qinghai | | | | | | | | | |
| 宁夏 Ningxia | 5 | 5 | 0 | 0 | 0 | 0 | 0 | 0 | 0 |
| 新疆 Xinjiang | 26 | 26 | | | | | | | |

(续表 cont'd)

表2　2015年全国作品自愿登记情况统计表　　　　（单位：份）
Statistics of Voluntary Registration of Works Nationwide in 2015　（unit：piece）

| | 合计 Total | 文字 Written | 口述 Oral | 音乐 Musical | 曲艺 Quyi | 舞蹈 Choreo-graphic | 杂技 Acro-batics | 美术 Fine Art | 摄影 Photo-graphic | 建筑 Architectural | 影视 Cinemato-graphic | 设计图 Design | 地图 Map | 模型 Model | 其他 Others |
|---|---|---|---|---|---|---|---|---|---|---|---|---|---|---|---|
| 合计 Total | 1 349 552 | 485 539 | 4 | 2839 | 90 | 119 | 5 | 279 884 | 540 722 | 163 | 13 820 | 4003 | 309 | 144 | 21 911 |
| 中国版权保护中心 National Center of Copyright Protection | 236 080 | 19 991 | 0 | 392 | 43 | 75 | 0 | 83 779 | 121 734 | 1 | 4471 | 762 | 0 | 1 | 4831 |
| 北京 Beijing | 601 014 | 228 199 | 0 | 265 | 0 | 5 | 1 | 4605 | 357 914 | 0 | 79 | 697 | 6 | 26 | 9217 |
| 天津 Tianjin | 137 | 71 | 0 | 1 | 0 | 0 | 0 | 59 | 2 | 0 | 3 | 0 | 1 | 0 | 0 |
| 河北 Hebei | 259 | 128 | 0 | 8 | 0 | 0 | 0 | 120 | 0 | 0 | 0 | 0 | 0 | 0 | 3 |
| 山西 Shanxi | 124 | 36 | 0 | 16 | 0 | 0 | 0 | 31 | 1 | 0 | 5 | 1 | 0 | 32 | 2 |
| 内蒙古 Inner Mongolia | 199 | 31 | 0 | 19 | 0 | 2 | 0 | 103 | 8 | 19 | 0 | 0 | 1 | 0 | 16 |
| 辽宁 Liaoning | 10 337 | 5983 | 0 | 92 | 0 | 0 | 0 | 1012 | 1 | 0 | 1 | 1 | 20 | 0 | 3227 |
| 吉林 Jilin | 1186 | 278 | 0 | 368 | 0 | 0 | 0 | 367 | 4 | 0 | 0 | 0 | 0 | 0 | 169 |
| 黑龙江 Heilongjiang | 1396 | 986 | 0 | 99 | 0 | 1 | 1 | 230 | 73 | 0 | 4 | 0 | 0 | 0 | 2 |
| 上海 Shanghai | 199 148 | 181 001 | 0 | 142 | 0 | 0 | 0 | 9607 | 3193 | 0 | 4581 | 41 | 72 | 13 | 498 |
| 江苏 Jiangsu | 109 377 | 15 367 | 0 | 203 | 1 | 20 | 2 | 49 057 | 39 463 | 5 | 2125 | 1178 | 105 | 4 | 1847 |
| 浙江 Zhejiang | 15 354 | 391 | 0 | 130 | 2 | 0 | 0 | 14 179 | 478 | 0 | 57 | 9 | 0 | 0 | 108 |
| 安徽 Anhui | 1440 | 939 | 0 | 12 | 0 | 0 | 0 | 399 | 47 | 0 | 41 | 0 | 0 | 0 | 2 |
| 福建 Fujian | 38 447 | 439 | 0 | 92 | 6 | 0 | 0 | 37 482 | 21 | 77 | 100 | 140 | 1 | 2 | 87 |
| 江西 Jiangxi | 3372 | 221 | 0 | 282 | 0 | 0 | 0 | 2148 | 54 | 0 | 657 | 0 | 0 | 3 | 7 |
| 山东 Shandong | 50 200 | 23 525 | 3 | 32 | 18 | 1 | 0 | 15 665 | 10 360 | 3 | 51 | 323 | 10 | 42 | 167 |

# 中国知识产权统计年报2015
## China Intellectual Property Statistical Yearbook 2015

(续表 cont'd)

| | 合计<br>Total | 文字<br>Written | 口述<br>Oral | 音乐<br>Musical | 曲艺<br>Quyi | 舞蹈<br>Choreo-<br>graphic | 杂技<br>Acro-<br>batics | 美术<br>Fine<br>Art | 摄影<br>Photo-<br>graphic | 建筑<br>Archite-<br>ctural | 影视<br>Cine-<br>mato-<br>graphic | 设计图<br>Design | 地图<br>Map | 模型<br>Model | 其他<br>Others |
|---|---|---|---|---|---|---|---|---|---|---|---|---|---|---|---|
| 河南 Henan | 643 | 222 | 0 | 40 | 5 | 1 | 0 | 344 | 1 | 0 | 16 | 2 | 0 | 0 | 12 |
| 湖北 Hubei | 10 129 | 1853 | 0 | 30 | 1 | 2 | 1 | 7171 | 868 | 2 | 83 | 107 | 10 | 1 | 0 |
| 湖南 Hunan | 2698 | 540 | 0 | 26 | 0 | 0 | 0 | 1544 | 206 | 50 | 293 | 7 | 20 | 1 | 11 |
| 广东 Guangdong | 20 347 | 942 | 0 | 138 | 0 | 1 | 0 | 14 017 | 2964 | 6 | 128 | 659 | 26 | 18 | 1448 |
| 广西 Guangxi | 241 | 93 | 0 | 66 | 2 | 1 | 0 | 70 | 0 | 0 | 1 | 1 | 0 | 0 | 7 |
| 海南 Hainan | 113 | 31 | 0 | 15 | 0 | 0 | 0 | 53 | 0 | 0 | 13 | 0 | 0 | 0 | 1 |
| 重庆 Chongqing | 40 667 | 1258 | 0 | 74 | 0 | 0 | 0 | 34 986 | 3138 | 0 | 979 | 46 | 10 | 1 | 175 |
| 四川 Sichuan | 3002 | 1575 | 0 | 47 | 0 | 9 | 0 | 1281 | 37 | 0 | 23 | 25 | 1 | 0 | 4 |
| 贵州 Guizhou | 220 | 7 | 0 | 0 | 0 | 0 | 0 | 204 | 4 | 0 | 4 | 0 | 0 | 0 | 1 |
| 云南 Yunnan | 299 | 65 | 0 | 42 | 0 | 0 | 0 | 89 | 103 | 0 | 0 | 0 | 0 | 0 | 0 |
| 西藏 Tibet | 0 | 0 | 0 | 0 | 0 | 0 | 0 | 0 | 0 | 0 | 0 | 0 | 0 | 0 | 0 |
| 陕西 Shaanxi | 1808 | 1158 | 0 | 24 | 8 | 0 | 0 | 508 | 0 | 0 | 103 | 0 | 0 | 0 | 7 |
| 甘肃 Gansu | 156 | 35 | 0 | 3 | 4 | 0 | 0 | 103 | 3 | 0 | 0 | 3 | 0 | 0 | 5 |
| 青海 Qinghai | 54 | 15 | 0 | 0 | 0 | 0 | 0 | 30 | 0 | 0 | 0 | 0 | 4 | 0 | 5 |
| 宁夏 Ningxia | 178 | 64 | 1 | 53 | 0 | 0 | 0 | 58 | 0 | 0 | 0 | 2 | 0 | 0 | 0 |
| 新疆 Xinjiang | 927 | 95 | 0 | 128 | 0 | 1 | 0 | 583 | 45 | 0 | 0 | 1 | 22 | 0 | 52 |

表3 2015年版权输出地汇总表 （单位：项）
Summary of Destinations of Copyright Exported in 2015 (unit: item)

| | 合计 Total | 图书 Book | 录音制品 Audio Recording | 录像制品 Video Recording | 电子出版物 Electronic Publication | 软件 Software | 电影 Film | 电视节目 Television Program | 其他 Others |
|---|---|---|---|---|---|---|---|---|---|
| 输出版权总数 Total of Copyright Exported 版权购买者所在国家或地区名称 Country or Region of Copyright Origin | 10 471 | 7998 | 217 | 0 | 650 | 2 | 0 | 1511 | 93 |
| 美国 U.S.A. | 1185 | 887 | | | 168 | | | 124 | 6 |
| 英国 U.K. | 708 | 546 | | | 36 | | | 60 | 66 |
| 德国 Germany | 467 | 380 | | | 27 | | | 60 | |
| 法国 France | 199 | 138 | | | | 1 | | 60 | |
| 俄罗斯 Russia | 135 | 135 | | | | | | | |
| 加拿大 Canada | 144 | 81 | | | | | | 63 | |
| 新加坡 Singapore | 555 | 262 | 63 | | 87 | | | 123 | 20 |
| 日本 Japan | 313 | 285 | 11 | | 16 | | | 1 | |
| 韩国 Korea | 654 | 619 | 25 | | 8 | | | 2 | |

(续表 cont'd)

| | 合计<br>Total | 图书<br>Book | 录音制品<br>Audio Recording | 录像制品<br>Video Recording | 电子出版物<br>Electronic Publication | 软件<br>Software | 电影<br>Film | 电视节目<br>Television Program | 其他<br>Others |
|---|---|---|---|---|---|---|---|---|---|
| 中国香港地区<br>Hong Kong, China | 499 | 311 | | | 60 | 1 | | 127 | |
| 中国澳门地区<br>Macao, China | 99 | 31 | | | | | | 68 | |
| 中国台湾地区<br>Taiwan of China | 1857 | 1643 | | | 144 | | | 70 | |
| 其他<br>Others | 3656 | 2680 | 118 | | 104 | | | 753 | 1 |

表4 2015年版权引进地汇总表 （单位：项）
Summary of Origins of Copyright Imported in 2015 （unit：item）

| | 合计 Total | 图书 Book | 录音制品 Audio Recording | 录像制品 Video Recording | 电子出版物 Electronic Publication | 软件 Software | 电影 Film | 电视节目 Television Program | 其他 Others |
|---|---|---|---|---|---|---|---|---|---|
| 引进版权总数 Total of Copyright Imported 原版权所在国家或地区名称 Country or Region of Copyright Origin | 16 467 | 15 458 | 133 | 90 | 292 | 34 | 324 | 136 | 0 |
| 美国 U.S.A. | 5251 | 4840 | 34 | 68 | 120 | 13 | 157 | 19 | |
| 英国 U.K. | 2802 | 2677 | 7 | 17 | 55 | 5 | 1 | 40 | |
| 德国 Germany | 815 | 783 | 9 | 1 | 15 | 6 | | 1 | |
| 法国 France | 999 | 959 | 2 | | 30 | 3 | | 5 | |
| 俄罗斯 Russia | 87 | 86 | | | | 1 | | | |
| 加拿大 Canada | 153 | 151 | | | 1 | | | 1 | |
| 新加坡 Singapore | 242 | 240 | | | | | | 2 | |
| 日本 Japan | 1771 | 1724 | 13 | | 31 | 1 | | 2 | |
| 韩国 Korea | 883 | 826 | 2 | 1 | 6 | | | 48 | |

| | 合计<br>Total | 图书<br>Book | 录音制品<br>Audio Recording | 录像制品<br>Video Recording | 电子出版物<br>Electronic Publication | 软件<br>Software | 电影<br>Film | 电视节目<br>Television Program | 其他<br>Others |
|---|---|---|---|---|---|---|---|---|---|
| 中国香港地区<br>Hong Kong, China | 333 | 159 | 13 | | 5 | | 154 | 2 | |
| 中国澳门地区<br>Macao, China | 1 | 1 | | | | | | | |
| 中国台湾地区<br>Taiwan of China | 1117 | 1052 | 43 | 1 | 7 | 1 | 10 | 3 | |
| 其他<br>Others | 2013 | 1960 | 10 | 2 | 22 | 4 | 2 | 13 | |

## 表5 2015年全国版权执法情况统计表
## Statistics of Copyright Law Enforcement in 2015

| 项目<br>Item | 案件查处 Cases Handled | | | 项目<br>Item | 收缴盗版品 Pirated Product Confiscated | | |
|---|---|---|---|---|---|---|---|
| | 上年度数量<br>Numbers of Last Year | 本年度数量<br>Numbers of This Year | 同比增减（％）<br>Year-on-year Increase or Decrease (％) | | 上年度数量<br>Numbers of Last Year | 本年度数量（种）<br>Numbers of This Year (type) | 同比增减（％）<br>Year-on-year Increase or Decrease (％) |
| 行政处罚数量（件）<br>Numbers of Administrative Punishments (piece) | 4728 | 3477 | -26.46% | 合计<br>Total | 16 665 890 | 11 420 929 | -31.47% |
| 案件移送数量（件）<br>Numbers of Transferred Cases (piece) | 366 | 160 | -56.28% | 书刊<br>Book and Periodical | 6 117 975 | 5 396 752 | -11.79% |
| 检查经营单位数量（个）<br>Numbers of Business Units Checked (unit) | 1 063 061 | 846 140 | -20.41% | 软件<br>Software | 673 163 | 368 499 | -45.26% |
| 取缔违法经营单位数量（个）<br>Numbers of Illegal Business Units Tracked Down (unit) | 8686 | 9340 | 7.53% | 音像制品<br>Audio-visual Product | 9 224 736 | 3 734 808 | -59.51% |
| 查获地下窝点数量（个）<br>Numbers of Underground Markets Tracked Down (unit) | 482 | 392 | -18.67% | 电子出版物<br>Electronic Publication | 333 876 | 177 506 | -46.83% |
| 其中：地下光盘生产线（条）<br>Among: Underground CD Production Line (piece) | 4 | 0 | -100.00% | 其他<br>Others | 316 140 | 669 196 | 111.68% |
| 违法经营网站服务器（个）<br>Illegal Operation Web Server (unit) | 794 | 475 | -40.18% | 未分类项<br>Non-classified Item | | 1 074 168 | |
| 罚款金额（元）<br>Amounts of Fine (yuan) | 13 499 937 | 9 746 538 | -27.80% | | | | |

（本统计数据由国家版权局版权管理司提供）

# IV

# 集成电路布图设计

## IV 集成电路布图设计

表1 2015年集成电路布图设计登记申请统计表 （单位：件）

Statistics of Applications for Registration of Layout-design of Integrated Circuits in 2015 （unit：piece）

| 地区<br>Region | | 申请数量<br>Application |
|---|---|---|
| | 合计<br>Total | 2058 |
| 国内<br>Domestic | | 1976 |
| | 东部地区<br>Eastern Region | 1583 |
| | 中部地区<br>Middle Region | 229 |
| | 西部地区<br>Western Region | 154 |
| | 东北地区<br>Northeast Region | 1 |
| | 北京<br>Beijing | 176 |
| | 天津<br>Tianjin | 21 |
| | 河北<br>Hebei | 16 |
| | 山西<br>Shanxi | 1 |
| | 内蒙古<br>Inner Mongolia | 0 |
| | 辽宁<br>Liaoning | 0 |
| | 吉林<br>Jilin | 1 |
| | 黑龙江<br>Heilongjiang | 0 |
| | 上海<br>Shanghai | 552 |
| | 江苏<br>Jiangsu | 238 |
| | 浙江<br>Zhejiang | 211 |
| | 安徽<br>Anhui | 109 |
| | 福建<br>Fujian | 56 |
| | 江西<br>Jiangxi | 32 |
| | 山东<br>Shandong | 24 |

(续表 cont'd)

| 地区<br>Region | 申请数量<br>Application |
|---|---|
| 河南 Henan | 1 |
| 湖北 Hubei | 58 |
| 湖南 Hunan | 28 |
| 广东 Guangdong | 289 |
| 广西 Guangxi | 9 |
| 海南 Hainan | 0 |
| 重庆 Chongqing | 22 |
| 四川 Sichuan | 61 |
| 贵州 Guizhou | 0 |
| 云南 Yunnan | 1 |
| 西藏 Tibet | 0 |
| 陕西 Shaanxi | 61 |
| 甘肃 Gansu | 0 |
| 青海 Qinghai | 0 |
| 宁夏 Ningxia | 0 |
| 新疆 Xinjiang | 0 |
| 香港 Hong Kong | 5 |
| 台湾 Taiwan | 4 |
| 国外 Foreign | 82 |
| 美国 U.S.A. | 81 |
| 韩国 Korea | 0 |
| 开曼群岛 Cayman Islands | 1 |
| 日本 Japan | 0 |

注：统计范围为向我国国家知识产权局提出集成电路布图设计登记申请的国内外申请人以及获得我国国家知识产权局登记发证的集成电路布图设计国内外专有权人。

表2　2015年集成电路布图设计登记发证统计表　　（单位：件）
Statistics of Issued Certificates of Layout-design
of Integrated Circuits in 2015　　（unit：piece）

| 地区<br>Region | 发证数量<br>Issued Certificate |
|---|---|
| 合计<br>Total | 1800 |
| 国内<br>Domestic | 1694 |
| 东部地区<br>Eastern Region | 1361 |
| 中部地区<br>Middle Region | 175 |
| 西部地区<br>Western Region | 132 |
| 东北地区<br>Northeast Region | 17 |
| 北京<br>Beijing | 166 |
| 天津<br>Tianjin | 9 |
| 河北<br>Hebei | 14 |
| 山西<br>Shanxi | 1 |
| 内蒙古<br>Inner Mongolia | 0 |
| 辽宁<br>Liaoning | 16 |
| 吉林<br>Jilin | 1 |
| 黑龙江<br>Heilongjiang | 0 |
| 上海<br>Shanghai | 466 |
| 江苏<br>Jiangsu | 210 |
| 浙江<br>Zhejiang | 153 |
| 安徽<br>Anhui | 102 |
| 福建<br>Fujian | 56 |
| 江西<br>Jiangxi | 16 |
| 山东<br>Shandong | 24 |
| 河南<br>Henan | 1 |

(续表 cont'd)

| 地区<br>Region | 发证数量<br>Issued Certificate |
|---|---|
| 湖北 Hubei | 23 |
| 湖南 Hunan | 32 |
| 广东 Guangdong | 263 |
| 广西 Guangxi | 8 |
| 海南 Hainan | 0 |
| 重庆 Chongqing | 17 |
| 四川 Sichuan | 57 |
| 贵州 Guizhou | 0 |
| 云南 Yunnan | 1 |
| 西藏 Tibet | 0 |
| 陕西 Shaanxi | 49 |
| 甘肃 Gansu | 0 |
| 青海 Qinghai | 0 |
| 宁夏 Ningxia | 0 |
| 新疆 Xinjiang | 0 |
| 香港 Hong Kong | 5 |
| 台湾 Taiwan | 4 |
| 国外 Foreign | 106 |
| 美国 U.S.A. | 106 |
| 韩国 Korea | 0 |
| 开曼群岛 Cayman Islands | 0 |
| 日本 Japan | 0 |

注：统计范围为向我国国家知识产权局提出集成电路布图设计登记申请的国内外申请人以及获得我国国家知识产权局登记发证的集成电路布图设计国内外专有权人。

（本统计数据由国家知识产权局规划发展司提供）

# V

# 农业植物新品种

## 1999~2015年品种权申请情况汇总表
## Summary of Agricultural PBR's Applications and Grants, 1999–2015

表1 根据植物种类划分的统计表 （单位：件）
Statistics of Classification by Plant Kind （unit：piece）

| 作物种类<br>Category of Crop | 植物种类<br>Category of Plant | 申请<br>Application | 授权<br>Grant | 2014年申请<br>Application in 2014 | 2015年申请<br>Application in 2015 | 2015年授权<br>Grant in 2015 |
|---|---|---|---|---|---|---|
| 大田作物<br>申请：12 928<br>授权：5378<br>Agricultural Crops<br>Application：12 928<br>Grant：5378 | 水稻<br>Oryza sativa L. | 4522 | 1917 | 566 | 508 | 389 |
| | 玉米<br>Zea mays L. | 5135 | 2142 | 553 | 763 | 331 |
| | 普通小麦<br>Triticum aestivum L. | 1238 | 522 | 123 | 148 | 114 |
| | 大豆<br>Glycine max (L.) Merrill | 645 | 242 | 69 | 116 | 63 |
| | 甘蓝型油菜<br>Brassica napus L. | 284 | 155 | 15 | 11 | 47 |
| | 花生<br>Arachis hypogaea L. | 184 | 51 | 32 | 21 | 15 |
| | 甘薯<br>Ipomoea batatas (L.) Lam. | 79 | 21 | 9 | 16 | 7 |
| | 谷子<br>Setaria italica (L.) Beauv. | 76 | 26 | 4 | 29 | 8 |
| | 高粱<br>Sorghum bicolor (L.) Moench | 67 | 31 | 12 | 7 | 13 |
| | 大麦属<br>Hordeum L. | 100 | 40 | 11 | 7 | 12 |
| | 苎麻属<br>Boehmeria L. | 3 | 2 | 1 | 0 | 0 |
| | 棉属<br>Gossypium L. | 481 | 204 | 35 | 18 | 65 |
| | 亚麻<br>Linum usitatissimum L. | 4 | 1 | 0 | 0 | 0 |
| | 芥菜型油菜<br>Brassica juncea Czern. et Coss. | 1 | 0 | 0 | 0 | 0 |
| | 蚕豆<br>Vicia faba L. | 18 | 7 | 2 | 5 | 1 |
| | 绿豆<br>Vigna radiata (L.) Wilczek | 22 | 4 | 3 | 8 | 2 |
| | 芝麻<br>Sesamum indicum L. | 17 | 1 | 4 | 6 | 1 |
| | 甘蔗属<br>Saccharum L. | 47 | 12 | 2 | 10 | 12 |
| | 小豆<br>Vigna angularis (Willd.) Ohwi et Ohashi | 5 | 0 | 1 | 2 | 0 |
| | 燕麦<br>Avena sativa L. & Avena nuda L. | 0 | 0 | 0 | 0 | 0 |

| 作物种类<br>Category of Crop | 植物种类<br>Category of Plant | 申请<br>Application | 授权<br>Grant | 2014年申请<br>Application in 2014 | 2015年申请<br>Application in 2015 | 2015年授权<br>Grant in 2015 |
|---|---|---|---|---|---|---|
| 蔬菜<br>申请：972<br>授权：327<br>Vegetables<br>Application: 972<br>Grant: 327 | 大白菜<br>Brassica campestris L. ssp. pekinensis (Lour.) Olsson | 76 | 34 | 11 | 10 | 5 |
| | 马铃薯<br>Solanum tuberosum L. | 106 | 30 | 19 | 10 | 13 |
| | 普通番茄<br>Lycopersicon esculentum Mill. | 133 | 35 | 18 | 35 | 8 |
| | 黄瓜<br>Cucumis sativum L. | 80 | 46 | 7 | 4 | 19 |
| | 辣椒属<br>Capsicum L. | 147 | 44 | 18 | 27 | 13 |
| | 普通西瓜<br>Citrullus lanatus (Thunb.) Matsum et Nakai | 99 | 40 | 8 | 15 | 17 |
| | 普通结球甘蓝<br>Brassica oleracea L. var. capitata (L.) Alef. var. alba DC. | 49 | 12 | 6 | 11 | 2 |
| | 食用萝卜<br>Raphanus sativus L. var. longipinnatus Bailey & Raphanus sativus L. var. radiculus Pers. | 15 | 3 | 3 | 3 | 0 |
| | 茄子<br>Solanum melongena L. | 29 | 15 | 5 | 6 | 7 |
| | 豌豆<br>Pisum sativum L. | 2 | 1 | 0 | 0 | 1 |
| | 菜豆<br>Phaseolus vulgaris L. | 17 | 4 | 3 | 2 | 3 |
| | 豇豆<br>Vigna unguiculata (L.) Walp. | 8 | 2 | 0 | 1 | 2 |
| | 大葱<br>Allium fistulosum L. | 3 | 1 | 0 | 2 | 0 |
| | 西葫芦<br>Cucurbita pepo L. | 34 | 7 | 6 | 12 | 6 |
| | 花椰菜<br>Brassica oleracea L. var. botrytis L. | 22 | 8 | 7 | 1 | 5 |
| | 芹菜<br>Apium graveolens L. | 3 | 0 | 4 | 0 | 0 |
| | 胡萝卜<br>Daucus carota L. | 0 | 0 | 0 | 0 | 0 |
| | 白灵侧耳<br>Pleurotus nebrodensis (Inzenga) Quél. | 3 | 1 | 0 | 0 | 0 |
| | 甜瓜<br>Cucumis melo L. | 51 | 17 | 5 | 13 | 7 |
| | 草莓<br>Fragaria ananassa Duch. | 52 | 22 | 6 | 9 | 14 |
| | 大蒜<br>Allium sativum L. | 5 | 3 | 0 | 0 | 3 |
| | 不结球白菜<br>Brassica campestris ssp. chinensis | 25 | 2 | 8 | 8 | 2 |
| | 苦瓜<br>Momordica charantia L. | 7 | 0 | 5 | 0 | 0 |
| | 芥菜<br>Brassica juncea(L.) Czern.et coss | 3 | 0 | 1 | 1 | 0 |
| | 芥蓝<br>Brassica alboglabra Bailey L. | 2 | 0 | 0 | 2 | 0 |
| | 莴苣<br>Lactuca sativa L. | 1 | 0 | 1 | 0 | 0 |
| | 冬瓜<br>Benincasa hispida Cogn. | 0 | 0 | 0 | 0 | 0 |

(续表 cont'd)

| 作物种类<br>Category of Crop | 植物种类<br>Category of Plant | 申请<br>Application | 授权<br>Grant | 2014年申请<br>Application in 2014 | 2015年申请<br>Application in 2015 | 2015年授权<br>Grant in 2015 |
|---|---|---|---|---|---|---|
| 花卉<br>申请：1061<br>授权：387<br>Ornamentals<br>Application：1061<br>Grant：387 | 春兰<br>Cymbidium goeringii Rchb.f | 0 | 0 | 0 | 0 | 0 |
| | 菊属<br>Chrysanthemum L. | 255 | 142 | 14 | 25 | 48 |
| | 石竹属<br>Dianthus L. | 118 | 41 | 12 | 5 | 24 |
| | 唐菖蒲属<br>Gladiolus L. | 3 | 2 | 0 | 0 | 2 |
| | 兰属<br>Cymbidium Sw. | 44 | 12 | 0 | 1 | 0 |
| | 百合属<br>Lilium L. | 117 | 45 | 6 | 15 | 12 |
| | 鹤望兰属<br>Strelitzia Ait. | 0 | 0 | 0 | 0 | 0 |
| | 补血草属<br>Limonium Mill. | 4 | 1 | 0 | 0 | 1 |
| | 非洲菊<br>Gerbera jamesonii Bolus | 125 | 70 | 9 | 0 | 35 |
| | 花毛茛<br>Ranunculus asiaticus L. | 2 | 0 | 0 | 0 | 0 |
| | 雁来红<br>Amaranthus tricolor L. | 0 | 0 | 0 | 0 | 0 |
| | 花烛属<br>Anthurium Schott | 160 | 41 | 13 | 21 | 16 |
| | 果子蔓属<br>Guzmania Ruiz. & Pav. | 49 | 22 | 6 | 1 | 5 |
| | 莲<br>Nelumbo nucifera Gaertn. | 6 | 2 | 0 | 1 | 2 |
| | 蝴蝶兰属<br>Phalaenopsis Bl. | 139 | 4 | 36 | 40 | 1 |
| | 秋海棠属<br>Begonia L. | 12 | 5 | 3 | 4 | 1 |
| | 凤仙花<br>Impatiens balsamina L. | 2 | 0 | 0 | 0 | 0 |
| | 非洲凤仙花<br>Impatiens wallerana Hook. f. | 0 | 0 | 0 | 0 | 0 |
| | 新几内亚凤仙花<br>Impatiens hawkeri Bull. | 14 | 0 | 0 | 4 | 0 |
| | 万寿菊属<br>Tagetes L. | 11 | 0 | 8 | 3 | 0 |
| | 郁金香属<br>Tulipa L. | 0 | 0 | 0 | 0 | 0 |

(续表 cont'd)

| 作物种类<br>Category of Crop | 植物种类<br>Category of Plant | 申请<br>Application | 授权<br>Grant | 2014年申请<br>Application in 2014 | 2015年申请<br>Application in 2015 | 2015年授权<br>Grant in 2015 |
|---|---|---|---|---|---|---|
| 果树<br>申请：488<br>授权：160<br>Fruit Crops<br>Application: 488<br>Grant: 160 | 梨属<br>Pyrus L. | 68 | 39 | 0 | 7 | 10 |
| | 桃<br>Prunus persica（L.）Batsch. | 53 | 25 | 1 | 7 | 8 |
| | 荔枝<br>Litchi chinensis Sonn. | 3 | 1 | 0 | 2 | 0 |
| | 苹果属<br>Malus Mill. | 81 | 21 | 3 | 22 | 6 |
| | 柑橘属<br>Citrus L. | 66 | 19 | 13 | 8 | 8 |
| | 香蕉<br>Musa acuminata Colla | 13 | 1 | 3 | 6 | 1 |
| | 猕猴桃属<br>Actinidia Lindl. | 86 | 26 | 17 | 11 | 5 |
| | 葡萄属<br>Vitis L. | 79 | 26 | 10 | 10 | 15 |
| | 李<br>Prunus salicina Lindl. & P. domestica L. & P.cerasifera Ehrh. | 16 | 0 | 0 | 0 | 0 |
| | 桑属<br>Morus L. | 12 | 2 | 5 | 0 | 0 |
| | 龙眼<br>Dimocarpus longan Lour. | 0 | 0 | 0 | 0 | 0 |
| | 枇杷<br>Eriobotrya japonica Lindl. | 7 | 0 | 1 | 6 | 0 |
| | 樱桃<br>Prunus avium L. | 3 | 0 | 1 | 1 | 0 |
| | 芒果<br>Mangifera indica L. | 1 | 0 | 1 | 0 | 0 |
| 牧草<br>申请：15<br>授权：1<br>Pasture Grass<br>Application: 15<br>Grant: 1 | 紫花苜蓿<br>Medicago sativa L. | 7 | 0 | 1 | 2 | 0 |
| | 草地早熟禾<br>Poa pratensis L. | 4 | 0 | 0 | 0 | 0 |
| | 酸模属<br>Rumex L. | 2 | 0 | 0 | 0 | 0 |
| | 柱花草属<br>Stylosanthes Sw. ex Willd | 2 | 1 | 1 | 0 | 1 |
| 其他<br>申请：88<br>授权：5<br>Others<br>Application: 88<br>Grant: 5 | 华北八宝<br>Hylotelephium tatarinowii (Maxim.) H. Ohba | 0 | 0 | 0 | 0 | 0 |
| | 橡胶树<br>Hevea brasiliensis（Willd. ex A. de Juss.）Muell. Arg. | 8 | 0 | 1 | 1 | 0 |
| | 茶组<br>Camellia L. Section Thea (L.) Dyer | 68 | 5 | 22 | 19 | 5 |
| | 木薯<br>Manihot esculenta Crantz | 0 | 0 | 0 | 0 | 0 |
| | 人参<br>Panax ginseng C. A. Mey. | 5 | 0 | 0 | 0 | 0 |
| | 三七<br>Panax notoginseng(Burk) F.H. Chen | 1 | 0 | 1 | 0 | 0 |
| | 烟草<br>Nicotiana tabacum L. & Nicotiana rustica L. | 6 | 0 | 1 | 0 | 0 |
| 合计<br>Total | | 15 552 | 6258 | 1772 | 2069 | 1413 |

**表2 根据单位性质划分的统计表** （单位：件）
**Statistics of Classification by Character of Units** （unit：piece）

| 单位性质<br>Character of Units | 申请<br>Application | 授权<br>Grant | 2014年申请<br>Application in 2014 | 2015年申请<br>Application in 2015 |
| --- | --- | --- | --- | --- |
| 国内科研 Domestic Research Institutes | 6470 | 3159 | 598 | 704 |
| 国内企业 Domestic Enterprises | 6181 | 2023 | 932 | 990 |
| 国内教学 Domestic Teaching Institutes | 1085 | 516 | 108 | 93 |
| 国内个人 Domestic Individual | 827 | 272 | 82 | 95 |
| 国外企业 Foreign Enterprises | 895 | 268 | 48 | 161 |
| 国外个人 Foreign Individual | 57 | 10 | 0 | 19 |
| 国外教学 Foreign Teaching Institutes | 27 | 9 | 1 | 6 |
| 国外科研 Foreign Research Institutes | 10 | 1 | 3 | 1 |
| 合计 Total | 15 552 | 6258 | 1772 | 2069 |

## 表3 根据地区划分的统计表 （单位：件）
## Statistics of Classification by Region （unit：piece）

| | 排名 Ranking | 地区 Region | 申请 Application | 授权 Grant | 2014年申请 Application in 2014 | 2015年申请 Application in 2015 |
|---|---|---|---|---|---|---|
| 国内 Domestic | 1 | 北京 Beijing | 1573 | 388 | 271 | 361 |
| | 2 | 河南 Henan | 1230 | 473 | 129 | 207 |
| | 3 | 山东 Shandong | 1106 | 513 | 98 | 107 |
| | 4 | 江苏 Jiangsu | 1037 | 482 | 110 | 99 |
| | 5 | 四川 Sichuan | 980 | 574 | 79 | 55 |
| | 6 | 黑龙江 Heilongjiang | 935 | 331 | 129 | 138 |
| | 7 | 安徽 Anhui | 828 | 191 | 127 | 138 |
| | 8 | 吉林 Jilin | 799 | 399 | 74 | 71 |
| | 9 | 河北 Hebei | 649 | 303 | 51 | 76 |
| | 10 | 云南 Yunnan | 626 | 269 | 78 | 28 |
| | 11 | 湖南 Hunan | 612 | 255 | 95 | 81 |
| | 12 | 辽宁 Liaoning | 591 | 334 | 32 | 55 |
| | 13 | 浙江 Zhejiang | 432 | 145 | 79 | 62 |
| | 14 | 广东 Guangdong | 380 | 132 | 66 | 59 |
| | 15 | 湖北 Hubei | 340 | 147 | 42 | 33 |
| | 16 | 福建 Fujian | 340 | 136 | 34 | 60 |
| | 17 | 上海 Shanghai | 276 | 94 | 6 | 45 |
| | 18 | 广西 Guangxi | 240 | 127 | 18 | 37 |
| | 19 | 内蒙古 Inner Mongolia | 235 | 99 | 32 | 32 |

（续表 cont'd）

| | 排名<br>Ranking | 地区<br>Region | 申请<br>Application | 授权<br>Grant | 2014年申请<br>Application in 2014 | 2015年申请<br>Application in 2015 |
|---|---|---|---|---|---|---|
| 国内<br>Domestic | 20 | 贵州 Guizhou | 175 | 95 | 14 | 8 |
| | 21 | 陕西 Shaanxi | 174 | 77 | 15 | 17 |
| | 22 | 山西 Shanxi | 174 | 80 | 10 | 38 |
| | 23 | 天津 Tianjin | 171 | 49 | 41 | 24 |
| | 24 | 新疆 Xinjiang | 155 | 67 | 11 | 12 |
| | 25 | 重庆 Chongqing | 140 | 57 | 8 | 9 |
| | 26 | 江西 Jiangxi | 124 | 70 | 18 | 6 |
| | 27 | 甘肃 Gansu | 101 | 39 | 17 | 10 |
| | 28 | 海南 Hainan | 55 | 24 | 3 | 8 |
| | 29 | 宁夏 Ningxia | 34 | 14 | 5 | 4 |
| | 30 | 台湾 Taiwan | 33 | 0 | 27 | 1 |
| | 31 | 青海 Qinghai | 13 | 6 | 1 | 2 |
| | 32 | 西藏 Tibet | 5 | 0 | 0 | 0 |
| 国外<br>Foreign | | 荷兰 Netherlands | 356 | 135 | 28 | 38 |
| | | 美国 U.S.A. | 301 | 60 | 13 | 75 |
| | | 韩国 Korea | 88 | 37 | 3 | 2 |
| | | 日本 Japan | 58 | 26 | 3 | 5 |
| | | 法国 France | 56 | 0 | 3 | 46 |
| | | 德国 Germany | 33 | 10 | 1 | 4 |
| | | 瑞士 Switzerland | 17 | 0 | 0 | 9 |

(续表 cont'd)

| | 排名<br>Ranking | 地区<br>Region | 申请<br>Application | 授权<br>Grant | 2014年申请<br>Application in 2014 | 2015年申请<br>Application in 2015 |
|---|---|---|---|---|---|---|
| 国外<br>Foreign | | 新西兰<br>New Zealand | 16 | 1 | 1 | 2 |
| | | 比利时<br>Belgium | 14 | 8 | 0 | 0 |
| | | 意大利<br>Italy | 13 | 3 | 0 | 3 |
| | | 西班牙<br>Spain | 13 | 5 | 0 | 0 |
| | | 澳大利亚<br>Australia | 12 | 3 | 0 | 2 |
| | | 以色列<br>Israel | 6 | 0 | 0 | 0 |
| | | 英国<br>U.K. | 2 | 0 | 0 | 0 |
| | | 南非<br>South Africa | 1 | 0 | 0 | 0 |
| | | 爱尔兰<br>Ireland | 1 | 0 | 0 | 0 |
| | | 希腊<br>Greece | 1 | 0 | 0 | 0 |
| | | 智利<br>Chile | 1 | 0 | 0 | 0 |
| | 合计<br>Total | | 15 552 | 6258 | 1772 | 2069 |

表4　1999～2015年国外植物新品种权申请情况统计表　（单位：件）
Statistics of Application for Foreign Plant Variety Right, 1999–2015（unit：piece）

| 申请地区<br>Region | 植物种类<br>Category of Plant | 2015年申请<br>Application in 2015 |
| --- | --- | --- |
| 荷兰（申请356件）<br>Netherlands（356） | 马铃薯<br>Solanum tuberosum L. | 26 |
| | 菊属<br>Chrysanthemum L. | 69 |
| | 石竹属<br>Dianthus L. | 20 |
| | 普通番茄<br>Lycopersicon esculentum Mill. | 4 |
| | 辣椒属<br>Capsicum L. | 7 |
| | 梨属<br>Pyrus L. | 1 |
| | 百合属<br>Lilium L. | 51 |
| | 普通结球甘蓝<br>Brassica oleracea L. var. capitata（L.）Alef. var. alba DC. | 3 |
| | 茄子<br>Solanum melongena L. | 6 |
| | 非洲菊<br>Gerbera jamesoii Bolus | 10 |
| | 花烛属<br>Anthurium Schott | 100 |
| | 果子蔓属<br>Guzmania Ruiz. & Pav. | 26 |
| | 蝴蝶兰属<br>Phalaenopsis Bl. | 22 |
| | 秋海棠属<br>Begonia L. | 11 |
| 美国（申请301件）<br>U.S.A.（301） | 玉米<br>Zea mays L. | 236 |
| | 普通番茄<br>Lycopersicon esculentum Mill. | 15 |
| | 辣椒属<br>Capsicum L. | 7 |
| | 苹果属<br>Malus Mill. | 3 |
| | 柑橘属<br>Citrus L. | 2 |
| | 葡萄属<br>Vitis L. | 17 |
| | 草莓<br>Fragaria ananassa Duch. | 21 |

(续表 cont'd)

| 申请地区<br>Region | 植物种类<br>Category of Plant | 2015年申请<br>Application in 2015 |
|---|---|---|
| 韩国（申请88件）<br>Korea（88） | 水稻<br>Oryza sativa L. | 2 |
| | 玉米<br>Zea mays L. | 2 |
| | 马铃薯<br>Solanum tuberosum L. | 5 |
| | 菊属<br>Chrysanthemum L. | 22 |
| | 唐菖蒲属<br>Gladiolus L. | 1 |
| | 梨属<br>Pyrus L. | 24 |
| | 兰属<br>Cymbidium Sw. | 4 |
| | 甘薯<br>Ipomoea batatas （L.） Lam. | 2 |
| | 桃<br>Prunus persica （L.） Batsch. | 2 |
| | 普通结球甘蓝<br>Brassica oleracea L. var. capitata （L.） Alef. var. alba DC. | 1 |
| | 苹果属<br>Malus Mill. | 7 |
| | 猕猴桃属<br>Actinidia Lind l. | 3 |
| | 葡萄属<br>Vitis L. | 7 |
| | 草莓<br>Fragaria ananassa Duch. | 2 |
| | 人参<br>Panax ginseng C. A. Mey. | 4 |
| 日本（申请58件）<br>Japan（58） | 水稻<br>Oryza sativa L. | 13 |
| | 菊属<br>Chrysanthemum L. | 9 |
| | 石竹属<br>Dianthus L. | 3 |
| | 普通番茄<br>Lycopersicon esculentum Mill. | 1 |
| | 辣椒属<br>Capsicum L. | 1 |
| | 兰属<br>Cymbidium Sw. | 10 |
| | 桃<br>Prunus persica （L.） Batsch. | 1 |

(续表 cont'd)

| 申请地区<br>Region | 植物种类<br>Category of Plant | 2015年申请<br>Application in 2015 |
|---|---|---|
| 日本（申请58件）<br>Japan（58） | 苹果属<br>Malus Mill. | 2 |
| | 甜瓜<br>Cucumis melo L. | 1 |
| | 草莓<br>Fragaria ananassa Duch. | 3 |
| | 新几内亚凤仙花<br>Impatiens hawkeri Bull. | 14 |
| 德国（申请33件）<br>Germany（33） | 水稻<br>Oryza sativa L. | 2 |
| | 玉米<br>Zea mays L. | 19 |
| | 菊属<br>Chrysanthemum L. | 5 |
| | 梨属<br>Pyrus L. | 3 |
| | 苹果属<br>Malus Mill. | 1 |
| | 李<br>Prums salicina Lindl. & P. domestica L. & P. cerasifera Ehrh. | 2 |
| | 秋海棠属<br>Begonia L. | 1 |
| 比利时（申请14件）<br>Belgium（14） | 果子蔓属<br>Guzmania Ruiz. & Pav. | 10 |
| | 苹果属<br>Malus Mill. | 4 |
| 新西兰（申请16件）<br>New Zealand（16） | 苹果属<br>Malus Mill. | 9 |
| | 猕猴桃属<br>Actinidia Lindl. | 7 |
| 西班牙（申请13件）<br>Spain（13） | 石竹属<br>Dianthus L. | 7 |
| | 柑橘属<br>Citrus L. | 4 |
| | 草莓<br>Fragaria ananassa Duch. | 2 |
| 澳大利亚（申请12件）<br>Australia（12） | 大麦属<br>Hordeum L. | 2 |
| | 苹果属<br>Malus Mill. | 6 |
| | 柑橘属<br>Citrus L. | 3 |
| | 李<br>Prums salicina Lindl. & P. domestica L. & P. cerasifera Ehrh. | 1 |

(续表 cont'd)

| 申请地区<br>Region | 植物种类<br>Category of Plant | 2015年申请<br>Application in 2015 |
|---|---|---|
| 意大利（申请13件）<br>Italy（13） | 石竹属<br>Dianthus L. | 3 |
| | 梨属<br>Pyrus L. | 1 |
| | 苹果属<br>Malus Mill. | 2 |
| | 猕猴桃属<br>Actinidia Lindl. | 1 |
| | 葡萄属<br>Vitis L. | 1 |
| | 草莓<br>Fragaria ananassa Duch. | 5 |
| 法国（申请56件）<br>France（56） | 玉米<br>Zea Mays L. | 49 |
| | 马铃薯<br>Solanum tuberosum L. | 5 |
| | 苹果属<br>Malus Mill. | 1 |
| | 草莓<br>Fragaria ananassa Duch. | 1 |
| 瑞士（申请17件）<br>Switzerland（17） | 玉米<br>Zea Mays L. | 15 |
| | 普通番茄<br>Lycopersicon Tsculentum Mill. | 1 |
| | 普通西瓜<br>Citrullus Lanatus | 1 |
| 以色列（申请6件）<br>Israel（6） | 非洲菊<br>Gerbera | 4 |
| | 普通番茄<br>Lycopersicon esculentum Mill. | 2 |
| 英国（申请2件）<br>U.K.（2） | 马铃薯<br>Solanum tuberosum L. | 1 |
| | 苹果属<br>Malus Mill. | 1 |
| 智利（申请1件）<br>Chile（1） | 葡萄属<br>Vitis L. | 1 |
| 爱尔兰（申请1件）<br>Ireland（1） | 马铃薯<br>Solanum tuberosum L. | 1 |
| 南非（申请1件）<br>South Africa（1） | 柑橘属<br>Citrus L. | 1 |
| 希腊（申请1件）<br>Greece（1） | 猕猴桃属<br>Actinidia Lindl. | 1 |
| 合计（件）<br>Total（piece） | | 989 |

（本统计数据由农业部植物新品种保护办公室提供）

# VI

# 林业植物新品种

表1 1999~2015年林业植物新品种申请量和授权量统计表 （单位：件）
Statistics of Forestry PBR's Applications and Grants, 1999–2015 （unit: piece）

| 年度<br>Year | 申请 Application | | | 授权 Grant | | |
|---|---|---|---|---|---|---|
| | 国内申请人<br>Domestic Applicant | 国外申请人<br>Foreign Applicant | 合计<br>Total | 国内品种权人<br>Domestic Titles Holder | 国外品种权人<br>Foreign Titles Holder | 合计<br>Total |
| 1999 | 181 | 1 | 182 | 6 | 0 | 6 |
| 2000 | 7 | 4 | 11 | 18 | 5 | 23 |
| 2001 | 8 | 2 | 10 | 19 | 0 | 19 |
| 2002 | 13 | 4 | 17 | 1 | 0 | 1 |
| 2003 | 14 | 35 | 49 | 7 | 0 | 7 |
| 2004 | 17 | 19 | 36 | 16 | 0 | 16 |
| 2005 | 41 | 32 | 73 | 19 | 22 | 41 |
| 2006 | 22 | 29 | 51 | 8 | 0 | 8 |
| 2007 | 35 | 26 | 61 | 33 | 45 | 78 |
| 2008 | 57 | 20 | 77 | 35 | 5 | 40 |
| 2009 | 62 | 5 | 67 | 42 | 13 | 55 |
| 2010 | 85 | 4 | 89 | 26 | 0 | 26 |
| 2011 | 123 | 16 | 139 | 11 | 0 | 11 |
| 2012 | 196 | 26 | 222 | 169 | 0 | 169 |
| 2013 | 169 | 8 | 177 | 115 | 43 | 158 |
| 2014 | 243 | 11 | 254 | 150 | 19 | 169 |
| 2015 | 208 | 65 | 273 | 164 | 12 | 176 |
| 合计 Total | 1481 | 307 | 1788 | 839 | 164 | 1003 |

表2 1999~2015年林业授权品种中不同植物类别授权量统计（单位：件）
Statistics of Grants Classification by Different Plant Species in Forestry PBR's Grants, 1999–2015 （unit: piece）

| 年份 Year | 林木 Forest | 经济林 Economic Forest | 观赏植物 Woody Ornamental | 竹 Bamboo | 木质藤本 Woody Rattan | 其他 Others | 合计 Total |
|---|---|---|---|---|---|---|---|
| 1999 | 6 | 0 | 0 | 0 | 0 | 0 | 6 |
| 2000 | 3 | 0 | 20 | 0 | 0 | 0 | 23 |
| 2001 | 2 | 2 | 14 | 0 | 0 | 1 | 19 |
| 2002 | 0 | 1 | 0 | 0 | 0 | 0 | 1 |
| 2003 | 6 | 1 | 0 | 0 | 0 | 0 | 7 |
| 2004 | 6 | 4 | 5 | 0 | 0 | 1 | 16 |
| 2005 | 3 | 1 | 34 | 0 | 0 | 3 | 41 |
| 2006 | 5 | 0 | 3 | 0 | 0 | 0 | 8 |
| 2007 | 7 | 1 | 70 | 0 | 0 | 0 | 78 |
| 2008 | 10 | 6 | 19 | 1 | 0 | 4 | 40 |
| 2009 | 14 | 1 | 39 | 0 | 0 | 1 | 55 |
| 2010 | 10 | 6 | 10 | 0 | 0 | 0 | 26 |
| 2011 | 2 | 1 | 5 | 0 | 0 | 3 | 11 |
| 2012 | 27 | 20 | 113 | 0 | 2 | 7 | 169 |
| 2013 | 34 | 9 | 114 | 1 | 0 | 0 | 158 |
| 2014 | 24 | 13 | 121 | 1 | 0 | 10 | 169 |
| 2015 | 31 | 28 | 106 | 1 | 2 | 8 | 176 |
| 合计 Total | 190 | 94 | 673 | 4 | 4 | 38 | 1003 |

# VI 林业植物新品种

**表3 1999~2015年林业授权品种中不同申请国家的授权量统计　（单位：件）**
Statistics of Grants Classification by Nationality of Applicants in
Forestry PBR's Grants, 1999–2015　（unit: piece）

| 排名<br>Ranking | 国家<br>Country | 授权总量<br>Total Grants | 2015年授权量<br>Grant in 2015 | 主要属种<br>The Main Species |
|---|---|---|---|---|
| 1 | 中国<br>China | 839 | 164 | 蔷薇属、杨属、山茶属、杜鹃花属<br>Rose L., Populus, Camelia, Rhododendron L. |
| 2 | 德国<br>Germany | 57 | 0 | 蔷薇属、大戟属<br>Rose L., Euphorbia L. |
| 3 | 荷兰<br>Netherlands | 39 | 8 | 蔷薇属<br>Rose L. |
| 4 | 法国<br>France | 27 | 2 | 蔷薇属<br>Rose L. |
| 5 | 英国<br>U.K. | 19 | 1 | 蔷薇属<br>Rose L. |
| 6 | 美国<br>U.S.A. | 9 | 0 | 大戟属、杏<br>Euphorbia L., Prunus armeniaca |
| 7 | 比利时<br>Belgium | 6 | 0 | 杜鹃花属<br>Rhododendron L. |
| 8 | 意大利<br>Italy | 4 | 1 | 蔷薇属<br>Rose L. |
| 9 | 丹麦<br>Denmark | 2 | 0 | 蔷薇属<br>Rose L. |
| 10 | 新西兰<br>New Zealand | 1 | 0 | 蔷薇属<br>Rose L. |
| | 合计<br>Total | 1003 | 176 | |

**表4 1999~2015年各国授权品种的属(种)授权量统计　（单位：件）**
Statistics of Grants Classification by Nationality of Titles Holder, 1999–2015（unit: piece）

| 属（种）<br>Species | 授权总量<br>Total Grant | | | | | | | | | | |
|---|---|---|---|---|---|---|---|---|---|---|---|
| | 中国<br>China | 英国<br>U.K. | 意大利<br>Italy | 新西兰<br>New Zealand | 美国<br>U.S.A. | 荷兰<br>Netherlands | 法国<br>France | 德国<br>Germany | 丹麦<br>Denmark | 比利时<br>Belgium | 合计<br>Total |
| 蔷薇属<br>Rose L. | 122 | 19 | 4 | 1 | 0 | 36 | 27 | 42 | 2 | 0 | 253 |
| 杨属<br>Populus | 101 | 0 | 0 | 0 | 0 | 0 | 0 | 0 | 0 | 0 | 101 |
| 山茶属<br>Camelia | 60 | 0 | 0 | 0 | 0 | 0 | 0 | 0 | 0 | 0 | 60 |
| 杜鹃花属<br>Rhododendron L. | 48 | 0 | 0 | 0 | 0 | 0 | 0 | 0 | 0 | 6 | 54 |

(续表 cont'd)

| 属（种）<br>Species | 授权总量<br>Total Grant | | | | | | | | | | |
|---|---|---|---|---|---|---|---|---|---|---|---|
| | 中国<br>China | 英国<br>U.K. | 意大利<br>Italy | 新西兰<br>New Zealand | 美国<br>U.S.A. | 荷兰<br>Netherlands | 法国<br>France | 德国<br>Germany | 丹麦<br>Denmark | 比利时<br>Belgium | 合计<br>Total |
| 芍药属<br>Paeonia L. | 33 | 0 | 0 | 0 | 0 | 0 | 0 | 0 | 0 | 0 | 33 |
| 牡丹花属<br>Paeonia Suffruticosa | 32 | 0 | 0 | 0 | 0 | 0 | 0 | 0 | 0 | 0 | 32 |
| 含笑属<br>Michelia L. | 29 | 0 | 0 | 0 | 0 | 0 | 0 | 0 | 0 | 0 | 29 |
| 大戟属<br>Euphorbia L. | 3 | 0 | 0 | 0 | 7 | 0 | 0 | 15 | 0 | 0 | 25 |
| 核桃属<br>Juglans L. | 25 | 0 | 0 | 0 | 0 | 0 | 0 | 0 | 0 | 0 | 25 |
| 银杏<br>Ginkgo | 24 | 0 | 0 | 0 | 0 | 0 | 0 | 0 | 0 | 0 | 24 |
| 其他<br>Others | 362 | 0 | 0 | 0 | 2 | 3 | 0 | 0 | 0 | 0 | 367 |
| 合计<br>Total | 839 | 19 | 4 | 1 | 9 | 39 | 27 | 57 | 2 | 6 | 1003 |

表5  1999~2015年林业授权品种中不同植物类别品种权人的授权量统计（单位：件）
Statistics of Grants Classification by Kind of Plant Titles Holder in Forestry PBR's Grants, 1999–2015  (unit: piece)

| 植物类别<br>Category of plants \ 品种权人<br>Titles Holder | 科研院所<br>Research Institute | 高等院校<br>College | 个人<br>Individual | 企业<br>Enterprises | 植物园<br>Botanical Garden | 其他<br>Others | 合计<br>Total |
|---|---|---|---|---|---|---|---|
| 观赏植物<br>Ornamental Plant | 84 | 98 | 111 | 321 | 39 | 20 | 673 |
| 经济林<br>Economic Forest | 52 | 21 | 8 | 10 | 0 | 3 | 94 |
| 林木<br>Forest | 98 | 55 | 10 | 26 | 1 | 0 | 190 |
| 木质藤本<br>Woody Rattan | 2 | 1 | 0 | 1 | 0 | 0 | 4 |
| 竹<br>Bamboo | 3 | 1 | 0 | 0 | 0 | 0 | 4 |
| 其他<br>Others | 16 | 3 | 1 | 18 | 0 | 0 | 38 |
| 合计<br>Total | 255 | 179 | 130 | 376 | 40 | 23 | 1003 |

（本统计数据由国家林业局植物新品种保护办公室提供）

# VII

# 海关知识产权保护

## VII 海关知识产权保护

### 表1 2015年海关采取知识产权保护措施统计表
### Statistics of Measures to Protect Intellectual Property Rights in 2015

| | 中止货物通关<br>Suspension of Release | 扣留侵权嫌疑货物<br>Seized Infringing Goods |
|---|---|---|
| 批次<br>Shipment | 25 237 | 23 227 |
| 商品数量（件/双）<br>Quantity（piece/pair） | 98 513 199 | 69 773 125 |

### 表2 2015年海关扣留货物涉及的知识产权类型统计表
### Statistics of Intellectual Property Rights of Seized Goods in 2015

| 知识产权类型<br>Types of Intellectual Property Right | 商品数量（件/双）<br>Quantity（piece/pair） | 占比<br>Percent |
|---|---|---|
| 商标专用权<br>Exclusive Right of Trademark | 68 539 932 | 98.23% |
| 著作权<br>Copyright | 258 460 | 0.37% |
| 专利权<br>Patent Right | 965 533 | 1.38% |
| 奥林匹克标志专有权<br>Exclusive Right of the Olympic Symbols | 9200 | 0.01% |

### 表3 2015年海关扣留货物的进出口流向统计表
### Statistics of Seized Goods Imported and Exported in 2015

| 进出口类型<br>Imported or Exported | 批次<br>Shipment | 占比<br>Percent | 商品数量（件/双）<br>Quantity（piece/pair） | 占比<br>Percent |
|---|---|---|---|---|
| 合计<br>Total | 23 227 | | 69 773 125 | |
| 进口<br>Import | 753 | 3.24% | 330 416 | 0.47% |
| 出口<br>Export | 22 476 | 96.76% | 69 442 709 | 99.53% |

## 表4 2015年海关扣留货物的商品类别统计表
### Statistics of Categories of Infringing Goods Seized in 2015

| 商品类别<br>Type | 商品数量（件/双）<br>Quantity（piece/pair） | 占比<br>Percent |
| --- | --- | --- |
| 烟草 Cigarettes | 15 427 424 | 22.11% |
| 食品饮料 Food & Beverages | 11 406 | 0.02% |
| 其他轻工产品 Light Industry Products | 488 787 | 0.70% |
| 五金机械 Hardware | 2 776 167 | 3.98% |
| 化妆、个人护理用品 Cosmetic | 27 931 281 | 40.03% |
| 服装 Apparel | 1 392 332 | 2.00% |
| 鞋类 Footwear | 1 094 242 | 1.57% |
| 汽车、摩托车 Automobile | 508 778 | 0.73% |
| 其他机电产品 Other Machinery and Electronic Products | 3 159 293 | 4.53% |
| 帽类 Headwear | 278 293 | 0.40% |
| 箱包及皮革制品 Bag & Leatherware | 344 458 | 0.49% |
| 通信设备 Communication Apparatus | 235 316 | 0.34% |
| 手表 Watch | 326 145 | 0.47% |
| 玩具游戏 Toys & Games | 191 858 | 0.27% |
| 药品 Pharmaceuticals | 36 085 | 0.05% |
| 存储介质 Storage Medium | 89 392 | 0.13% |
| 运动器具 Sports Equipments | 109 036 | 0.16% |
| 珠宝首饰 Jewelry | 78 078 | 0.11% |
| 医疗器械 Medicine and Medical Appliance | 9320 | 0.01% |
| 其他 Others | 15 285 434 | 21.97% |

## 表5 2015年海关扣留货物的运输方式统计表
## Statistics of Transportation Means of Infringing Goods in 2015

| | 邮递 Post | 快件 Express | 海运 Sea | 航空 Airport | 汽车 Auto | 铁路 Railway | 其他 Others |
|---|---|---|---|---|---|---|---|
| 批次 Shipment | 19 659 | 680 | 1840 | 336 | 229 | 23 | 463 |
| 占比 Percent | 84.63% | 2.93% | 7.92% | 1.45% | 0.99% | 0.10% | 1.99% |
| 商品数量（件/双）Quantity（piece/pair） | 325 471 | 100 979 | 68 125 439 | 403 731 | 652 678 | 40 586 | 124 241 |
| 占比 Percent | 0.47% | 0.14% | 97.64% | 0.58% | 0.94% | 0.06% | 0.18% |

## 表6 2015年海关知识产权执法模式统计表
## Statistics of Types of Enforcement Actions in 2015

| 执法模式 Types of Enforcement | 批次 Shipment | 占比 Percent | 货物数量（件/双）Quantity（piece/pair） | 占比 Percent |
|---|---|---|---|---|
| 依职权扣留 by Authority | 23 192 | 99.71% | 45 558 879 | 65.30% |
| 依申请扣留 by Application | 68 | 0.29% | 24 214 246 | 34.70% |

## 表7 2015年海关保护的知识产权权利人来源情况统计表
## Statistics of Country（Region）of Intellectual Property Rights Holders Protected in 2015

| 国别（地区）Country（Region） | 权利数 Number of Rights | 商品数量（件/双）Quantity（piece/pair） | 案值（元）Amounts of Value Involved（yuan） |
|---|---|---|---|
| 美国 U.S.A. | 1822 | 30 522 032 | 57 327 802.19 |
| 法国 France | 812 | 1 262 562 | 6 509 186.07 |
| 德国 Germany | 733 | 1 886 823 | 18 704 293.36 |
| 韩国 Korea | 418 | 775 304 | 19 596 762.92 |

(续表 cont'd)

| 国别（地区）<br>Country (Region) | 权利数<br>Number of Rights | 商品数量（件/双）<br>Quantity (piece/pair) | 案值（元）<br>Amounts of Value Involved (yuan) |
|---|---|---|---|
| 瑞士 Switzerland | 413 | 16 740 627 | 6 611 714.01 |
| 意大利 Italy | 393 | 613 841 | 5 310 989.21 |
| 日本 Japan | 392 | 1 611 692 | 33 476 978.92 |
| 中国 China | 381 | 6 622 922 | 55 897 996.97 |
| 英国 U.K. | 338 | 231 698 | 3 365 275.72 |
| 荷兰 Netherlands | 172 | 2 268 052 | 8 229 928.5 |
| 卢森堡 Luxembourg | 107 | 5 394 857 | 1 398 433.48 |
| 瑞典 Sweden | 39 | 69 840 | 718 350.32 |
| 加拿大 Canada | 18 | 117 277 | 916 209 |
| 中国香港地区 Hong Kong, China | 16 | 65 473 | 701 581.78 |
| 巴西 Brazil | 13 | 1 041 426 | 2 520 929 |
| 中国台湾地区 Taiwan of China | 11 | 45 269 | 183 702 |
| 西班牙 Spain | 9 | 25 490 | 581 810.36 |
| 印度 India | 7 | 36 650 | 254 604 |
| 奥地利 Austria | 6 | 36 476 | 155 819.78 |
| 蒙古 Mongolia | 6 | 353 | 35 490 |
| 丹麦 Denmark | 4 | 5484 | 302 007 |
| 芬兰 Finland | 4 | 1178 | 4160 |
| 泰国 Thailand | 4 | 28 920 | 76 920 |
| 阿联酋 United Arab Emirates | 3 | 222 900 | 584 791.72 |

# VII 海关知识产权保护

(续表 cont'd)

| 国别（地区）<br>Country (Region) | 权利数<br>Number of Rights | 商品数量（件/双）<br>Quantity (piece/pair) | 案值（元）<br>Amounts of Value Involved (yuan) |
|---|---|---|---|
| 新加坡 Singapore | 3 | 16 388 | 509 862 |
| 国际奥组委 International Olympic Committee | 2 | 9200 | 70 910 |
| 匈牙利 Hungary | 2 | 5600 | 19 851 |
| 伊朗 Iran | 2 | 7650 | 214 644 |
| 英属维尔京群岛 British Virgin Islands | 2 | 11 | 340 |
| 阿尔巴尼亚 Albania | 1 | 36 150 | 2 169 000 |
| 阿根廷 Argentina | 1 | 2300 | 2300 |
| 澳大利亚 Australia | 1 | 1 | 10 000 |
| 菲律宾 Philippines | 1 | 49 500 | 49 500 |
| 海地 Haiti | 1 | 25 | 5000 |
| 梅利利亚 Melilla | 1 | 40 | 8000 |
| 挪威 Norway | 1 | 4 | 200 |
| 土耳其 Turkey | 1 | 2536 | 100 172 |
| 印度尼西亚 Indonesia | 1 | 16 534 | 36 676.6 |
| 中国澳门地区 Macao, China | 1 | 40 | 800 |

（本统计数据由海关总署政策法规司提供）

# VIII
# 知识产权司法保护

# VIII 知识产权司法保护

## 表1 2015年全国法院受理和审结各类知识产权案件统计表
### Statistics of Intellectual Property Cases Accepted and Concluded by the People's Courts Nationwide in 2015

| 项目<br>Item | 2015年<br>Year 2015 |
|---|---|
| 一、全国地方法院刑事案件<br>Criminal Cases Nationwide | |
| 新收一审案件（件）<br>Instance Cases Accepted（piece） | 10 975 |
| 审结一审案件（件）<br>Instance Cases Concluded（piece） | 10 809 |
| 生效判决人数（人）<br>Effective Judgement（people） | 12741 |
| 给予刑事处罚（人）<br>Criminal Punishment（people） | 12 580 |
| 侵犯知识产权犯罪（件）<br>Criminal Cases Infringing Intellectual Property Rights（piece） | 4856 |
| 假冒注册商标罪（件）<br>Criminal Cases Counterfeiting Registered Trademarks（piece） | 2133 |
| 销售假冒注册商标的商品罪（件）<br>Criminal Cases of Selling Counterfeit Trademark Goods（piece） | 1789 |
| 非法制造、销售非法制造的注册商标标识罪（件）<br>Criminal Cases of Illegal Manufacturing, Selling of Illegal Manufacture of Registered Trademarks（piece） | 358 |
| 假冒专利罪（件）<br>Criminal Cases Counterfeiting Patents（piece） | 1 |
| 侵犯著作权罪（件）<br>Criminal Cases Infringing Copyrights（piece） | 523 |
| 销售侵权复制品罪（件）<br>Criminal Cases of Selling Infringing Copies（piece） | 5 |
| 侵犯商业秘密罪（件）<br>Criminal Case Violating Trade Secrets（piece） | 47 |
| 生产、销售伪劣商品犯罪（涉及侵犯知识产权）（件）<br>Crimes of Manufacturing and Distribution of Goods with Inferior Quality（Infringing Intellectual Property Rights）（piece） | 3965 |
| 非法经营犯罪（涉及侵犯知识产权）（件）<br>Crimes of Illegal Business Operations（Infringing Intellectual Property Right）（piece） | 1844 |

(续表 cont'd)

| 项目<br>Item | 2015年<br>Year 2015 |
|---|---|
| 其他犯罪（涉及侵犯知识产权）（件）<br>Other Crimes（Infringing Intellectual Property Rights）（piece） | 144 |
| 二、全国地方法院行政案件<br>Administrative Cases Nationwide | |
| 　新收一审案件（件）<br>　First Instance Cases Accepted（piece） | 9839 |
| 　审结一审案件（件）<br>　First Instance Cases Concluded（piece） | 10 926 |
| 　　新收专利案件（件）<br>　　Patent Cases Accepted（piece） | 1721 |
| 　　　同比增长（%）<br>　　　Year-on-year Growth（%） | 219.29 |
| 　　新收商标案件（件）<br>　　Trademark Cases Accepted（piece） | 7477 |
| 　　　同比下降（%）<br>　　　Year-on-year Decrease（%） | 19.65 |
| 　　新收著作权案件（件）<br>　　Copyright Cases Accepted（piece） | 10 |
| 　　　同比下降（%）<br>　　　Year-on-year Decrease（%） | 16.67 |
| 　　新收其他案件（件）<br>　　Other Cases Accepted（piece） | 631 |
| 　　　同比增长（%）<br>　　　Year-on-year Growth（%） | 917.74 |
| 　新收二审案件（件）<br>　Second Instance Cases Accepted（piece） | 2245 |
| 　审结二审案件（件）<br>　Second Instance Cases Concluded（piece） | 2329 |
| 三、全国地方法院民事案件<br>Civil Cases Nationwide | |
| 　新收一审案件（件）<br>　First Instance Cases Accepted（piece） | 109 386 |
| 　　同比增长（%）<br>　　Year-on-year Growth（%） | 14.51 |
| 　　专利案件（件）<br>　　Patent Cases Accepted（piece） | 11 607 |
| 　　　同比增长（%）<br>　　　Year-on-year Growth（%） | 20.3 |

# VIII 知识产权司法保护

(续表 cont'd)

| 项目<br>Item | 2015年<br>Year 2015 |
|---|---|
| 商标案件（件）<br>Trademark Cases Accepted（piece） | 24 168 |
|     同比增长（%）<br>    Year-on-year Growth（%） | 13.14 |
| 著作权案件（件）<br>Copyright Cases Accepted（piece） | 66 690 |
|     同比增长（%）<br>    Year-on-year Growth（%） | 12.1 |
| 技术合同案件（件）<br>Technology Contract Cases Accepted（piece） | 1480 |
|     同比增长（%）<br>    Year-on-year Growth（%） | 38.19 |
| 竞争案件（件）<br>Unfair Competition Cases Accepted（piece） | 2181 |
|     同比增长（%）<br>    Year-on-year Growth（%） | 53.38 |
|         其中垄断民事一审案件<br>        First Instance Antimonopoly Civil Case | 156 |
| 其他知识产权案件（件）<br>Other Intellectual Property Cases（piece） | 3093 |
|     同比增长（%）<br>    Year-on-year Growth（%） | 22.45 |
| 审结一审案件（件）<br>First Instance Cases Concluded（piece） | 101 324 |
|     同比增长（%）<br>    Year-on-year Growth（%） | 7.22 |
| 涉外案件（件）<br>Foreign Related Cases Concluded（piece） | 1327 |
|     同比下降（%）<br>    Year-on-year Decrease（%） | 22.67 |
| 涉港澳台案件（件）<br>Cases Involving Hong Kong, China; Macao, China and Taiwan of China Concluded（piece） | 387 |
|     同比下降（%）<br>    Year-on-year Decrease（%） | 9.15 |
| 新收二审案件（件）<br>Second Instance Cases Accepted（piece） | 15 114 |
|     同比增长（%）<br>    Year-on-year Growth（%） | 9.84 |

(续表 cont'd)

| 项目<br>Item | 2015年<br>Year 2015 |
|---|---|
| 审结二审案件（件）<br>Second Instance Cases Concluded（piece） | 15 025 |
|  同比增长（%）<br> Year-on-year Growth（%） | 9.61 |
| 新收再审案件（件）<br>Retrial Cases Accepted（piece） | 115 |
|  同比增长（%）<br> Year-on-year Growth（%） | 43.75 |
| 审结再审案件（件）<br>Retrial Cases Concluded（piece） | 114 |
|  同比增长（%）<br> Year-on-year Growth（%） | 21.28 |
| 四、最高人民法院知识产权审判庭案件<br>Cases of the Supreme Court | |
| 新收知识产权民事案件（件）<br>Civil Cases Accepted（piece） | 381 |
|  同比增长（%）<br> Year-on-year Growth（%） | 13.39 |
| 审结知识产权民事案件（件）<br>Civil Cases Concluded（piece） | 377 |
|  同比增长（%）<br> Year-on-year Growth（%） | 11.2 |
| 新收知识产权行政案件（件）<br>Administrative Cases Accepted（piece） | 378 |
|  同比增长（%）<br> Year-on-year Growth（%） | 161 |
| 审结知识产权行政案件（件）<br>Administrative Cases Concluded（piece） | 377 |
|  同比增长（%）<br> Year-on-year Growth（%） | 150 |

（本统计数据由最高人民法院知识产权审判庭提供）

## VIII 知识产权司法保护

### 表2 2015年全国检察机关办理侵犯知识产权案件情况统计表
### Statistics of Infringement of Intellectual Property Cases by the People's Procuratorate Nationwide in 2015

| 项目<br>Item | 2015年<br>Year 2015 |
|---|---|
| 合计<br>Total | |
| 批捕案件（件）<br>Cases Approved the Arrest（piece） | 2761 |
| 批捕人数（人）<br>People Approved the Arrest | 4772 |
| 起诉案件（件）<br>Cases Prosecuted（piece） | 4736 |
| 起诉人数（人）<br>People Prosecuted | 8664 |
| 一、侵犯知识产权犯罪<br>Infringement of Intellectual Property Cases | |
| 批捕案件（件）<br>Cases Approved the Arrest（piece） | 2615 |
| 批捕人数（人）<br>People Approved the Arrest | 4445 |
| 起诉案件（件）<br>Cases Prosecuted（piece） | 4484 |
| 起诉人数（人）<br>People Prosecuted | 8025 |
| 　　1. 假冒注册商标罪<br>　　　 Criminal Cases Counterfeiting Registered Trademarks | |
| 批捕案件（件）<br>Cases Approved the Arrest（piece） | 1213 |
| 批捕人数（人）<br>People Approved the Arrest | 2306 |
| 起诉案件（件）<br>Cases Prosecuted（piece） | 2007 |
| 起诉人数（人）<br>People Prosecuted | 3939 |
| 　　2. 销售假冒注册商标的商品罪<br>　　　 Criminal Cases Selling Counterfeit Trademark Goods | |
| 批捕案件（件）<br>Cases Approved the Arrest（piece） | 1046 |

（续表 cont'd）

| 项目<br>Item | 2015年<br>Year 2015 |
|---|---|
| 批捕人数（人）People Approved the Arrest | 1597 |
| 起诉案件（件）Cases Prosecuted（piece） | 1695 |
| 起诉人数（人）People Prosecuted | 2819 |
| 3. 非法制造、销售非法制造的注册商标标识罪<br>Criminal Cases of Illegal Manufacturing, Selling of Illegal Manufacture of Registered Trademarks | |
| 批捕案件（件）Cases Approved the Arrest（piece） | 222 |
| 批捕人数（人）People Approved the Arrest | 358 |
| 起诉案件（件）Cases Prosecuted（piece） | 315 |
| 起诉人数（人）People Prosecuted | 635 |
| 4. 假冒专利罪<br>Criminal Cases Counterfeiting Patents | |
| 批捕案件（件）Cases Approved the Arrest（piece） | 1 |
| 批捕人数（人）People Approved the Arrest | 1 |
| 起诉案件（件）Cases Prosecuted（piece） | 1 |
| 起诉人数（人）People Prosecuted | 2 |
| 5. 侵犯著作权罪<br>Criminal Cases Infringing Copyrights | |
| 批捕案件（件）Cases Approved the Arrest（piece） | 106 |
| 批捕人数（人）People Approved the Arrest | 148 |
| 起诉案件（件）Cases Prosecuted（piece） | 425 |
| 起诉人数（人）People Prosecuted | 565 |
| 6. 销售侵权复制品罪<br>Criminal Cases Selling Infringing Copies | |

(续表 cont'd)

| 项目<br>Item | 2015年<br>Year 2015 |
|---|---|
| 批捕案件（件）<br>Cases Approved the Arrest（piece） | |
| 批捕人数（人）<br>People Approved the Arrest | |
| 起诉案件（件）<br>Cases Prosecuted（piece） | 7 |
| 起诉人数（人）<br>People Prosecuted | 7 |
| 7. 侵犯商业秘密罪<br>Criminal Cases Violating Trade Secrets | |
| 批捕案件（件）<br>Cases Approved the Arrest（piece） | 27 |
| 批捕人数（人）<br>People Approved the Arrest | 35 |
| 起诉案件（件）<br>Cases Prosecuted（piece） | 34 |
| 起诉人数（人）<br>People Prosecuted | 58 |
| 二、数罪中含侵犯知识产权罪<br>Criminal Cases Infringing Intellectual Property Rights in Several Crimes | |
| 批捕案件（件）<br>Cases Approved the Arrest（piece） | 18 |
| 批捕人数（人）<br>People Approved the Arrest | 30 |
| 起诉案件（件）<br>Cases Prosecuted（piece） | 34 |
| 起诉人数（人）<br>People Prosecuted | 58 |
| 三、他罪中含侵犯知识产权行为<br>Intellectual Property Rights Violations Contained in Other Crimes | |
| 批捕案件（件）<br>Cases Approved the Arrest（piece） | 128 |
| 批捕人数（人）<br>People Approved the Arrest | 297 |
| 起诉案件（件）<br>Cases Prosecuted（piece） | 218 |
| 起诉人数（人）<br>People Prosecuted | 581 |

（本统计数据由最高人民检察院侦查监督厅提供）